Gaudenz Freuler
Anton von Euw

ENGEL
in der Schweiz und überall

Mondo-Verlag

Inhalt

Gaudenz Freuler
7   Die Engel im Christentum

Gaudenz Freuler
10   Die Hierarchie der Engel

Gaudenz Freuler
22   Die Engel und Teufel in Himmel, Hölle und Fegefeuer

Gaudenz Freuler
39   Geschichte der Engel

Anton von Euw
40   Geschichte der Engel bis zum hohen Mittelalter

Anton von Euw
62   Engel in Spätmittelalter und Neuzeit

Jean-Pierre Voiret
82   Engel und Religion in anderen Kulturen

Gaudenz Freuler
91   Engel in der Schweiz

Heinrich Baumgartner
102   Glossar und Bibliographie

Weshalb die Engel?

In einer Buchreihe, deren Leserschaft an handfestere Themen gewöhnt ist, mag dieses Sujet überraschen. Nach längerem Schattendasein scheinen uns die Engel wieder in ihren Bann zu ziehen. Ist es die Sehnsucht nach einem sanfteren Universum, ist es ein Glaubensbekenntnis oder einfach das Suchen nach Schönheit oder Unschuld in einer uns in vielerlei Hinsicht feindlich gesinnten Umwelt?

Engel sind Botschafter, die uns nahe, ja zeitgemäß erscheinen in einer Gesellschaft, die in Sachen Kommunikation mit einer wahren Revolution konfrontiert ist. Wie wenig wissen wir doch über diese unsichtbaren Wesen, deren Hilfe wir bei jeder Gelegenheit zu beanspruchen trachten. Grund genug, uns darüber mehr Klarheit zu verschaffen.

Ob Gläubiger oder Ästhet, Ethnologe oder Historiker, Psychoanalytiker oder Philosoph, es gibt unzählige Möglichkeiten, sich diesen geflügelten Gestalten zu nähern. Um dieses facettenreiche Thema aufzugreifen, hat der Zürcher Professor für Kunstgeschichte, Gaudenz Freuler, eine Fachgruppe um sich geschart. Dank deren Beiträge hoffen wir, Ihnen die uns umschwebenden Wesen näher zu bringen, sie zu verstehen, ja lieb zu gewinnen.

Wir laden Sie ein zu einer verblüffenden Rundreise, die zeigt, dass immer und überall, selbst in der Schweiz, Menschen der Engel bedürfen.

Der Herausgeber

Die Engel im Christentum

Guariento, Heer der Erzengel, Temperagemälde, um 1350–1360, Padua, Museo Civico.

Die Vorstellungen des Engels im Christentum waren mannigfaltig und entwickelten sich im Laufe der Jahrhunderte immer aufs Neue. Aus den kanonischen Schriften, insbesondere den vier Evangelien, hören wir wenig Präzises über die Engel. Sie sind Manifestation des Göttlichen, und eine ihrer Hauptaufgaben ist die des Mittlers zwischen Gott und Menschheit. Sie überbringen die göttliche Botschaft entweder durch ihre reale Präsenz, wie in der Schilderung des Verkündigungsmysteriums, als der von Gott gesandte Engel Gabriel vor dem Angesicht der Jungfrau ihre künftige göttliche Mutterschaft kündete, oder sie tun den göttlichen Willen dem Menschen als Erscheinungen über Traumvisionen kund.

Umbrischer Buchmaler, gegen 1400, Bildinitiale H mit Petrus, der von einem Engel aus dem Kerker befreit wird, Österreich, Privatsammlung.

Vermittler zwischen Himmel und Erde

Letzteres geschah Joseph in der Nacht, als ihm, wie das Evangelium erzählt, im Traum ein Engel erschien und ihn aufforderte, mit seiner Familie nach Ägypten zu flüchten, um seinen Erstgeborenen vor den mörderischen Schergen des Herodes in Sicherheit zu bringen. Im Auftrag Gottes agieren die Engel auch als Retter und Beschützer der Menschheit. So war es das Lichtwesen eines Engels, das laut der Apostelgeschichte Petrus von den Ketten des Kerkers befreite, als dieser von Herodes gefangen gehalten wurde.

Und wiederum waren es Engel, die bei der Versuchung Christi durch den Teufel zugegen waren, um den Sohn Gottes vor der Macht des Bösen zu schützen. Ganz auf die Gottheit bezogen erscheinen die Engel, wenn sie ihm musizierend und im Gesang jubilierend huldigen, wie dies im Zusammenhang mit der Gottesgeburt erwähnt ist. Anlass für ihren Jubel war aber in dieser mystischen Nacht nicht allein die Gottesverherrlichung, sondern zugleich auch die Verkündigung von Gottes Friedensbotschaft an die Menschen durch seinen in der Weihnachtsnacht geborenen Sohn.

Engel und Heilige im Mittelalter

Im Laufe der Zeit, insbesondere im Mittelalter, entwickelte sich über die theologischen Schriften und erbauende Literatur ein Engelskult, der die im Prinzip in den Evangelien vorgezeichneten Aufgaben der Engel näher definierte und präzisierend ausweitete. Text und Bild waren in diesem Prozess bedeutende interagierende Kommunikationsmittel, und in gegenseitiger Befruchtung stimulierten sie die menschliche Phantasie, die, was die Engel angeht, mitunter köstliche anekdotische Blüten treiben konnte.

Dies gilt besonders für den Bereich des Heiligenkultes, denn davon ausgehend, dass die Kontaktnahme mit den Engeln als Repräsentanten und Vermittler der göttlichen Ordnung, aber auch als beschützende Lenker, in erster Linie dem Geschlecht der besonders erleuchteten Menschen, der Heiligen also, vorbehalten war, wurden die Heiligenlegenden geradezu zum Tummelfeld der Engel. Stellvertretend dafür soll hier jene Episode der *Vita* des heiligen Benedikt erwähnt werden, die schildert, wie ihm die Engel nach dessen Tod den Übergang ins ewige Leben bereitet hätten. Sie wurde vom Florentiner Maler Giovanni del Biondo besonders poetisch ins Bild gesetzt. In den *Dialogi* des Gregorius Magnus ist die Rede von einer Vision, die zwei Mitbrüdern des verstorbenen Benedikt widerfahren sei. Die beiden sollen nach dem Tod des Heiligen gesehen haben, wie die Engel dem heiligen Mönch einen hell erleuchteten, mit Teppichen besetzten Weg zum Himmel bereitet hätten. Ein Engel hätte ihnen verraten, dass dies der für den Heiligen vorbereitete Weg ins Paradies sei. Mit diesem Bild der Legende, das vom florentinischen Künstler mit hoher mystischer Dichte erzählt wurde, verbindet sich der Kern des Engelglaubens, nämlich die Verbindung der Menschheit mit der göttlichen Ordnung, die agierende und offenbarende Vermittlung zwischen Himmel und Erde.

Giovanni del Biondo, Engel bereiten dem heiligen Benedikt den Weg ins Himmelreich, um 1360, Temperagemälde, Privatbesitz.

Marino da Perugia, um 1320–1325, Bildinitiale M mit dem Engel am leeren Grab, Österreich, Privatsammlung.

Die edelsten aller Kreaturen sind die Engel, sie sind rein geistig und haben keine Körperlichkeit an sich, und von ihnen gibt es am allermeisten, ihrer gibt es mehr als alle körperlichen Dinge zusammengezählt.

Meister Eckhart
(vor 1260 bis vor 1328)

Die Hierarchie der Engel

Die Himmelshierarchie

Wie wir eingangs erwähnt haben, wissen die kanonischen Schriften und auch die ersten patristischen Schriften der Kirchenväter zum Wesen des Engels wenig Bestimmtes und Verbindliches zu berichten. Sie treten stets als Boten und Mittler zwischen Gott und der Menschheit in Erscheinung. Im übrigen entziehen sie sich bezüglich ihrer mannigfaltigen spezifischen Funktionen und ihres Äußeren einer genaueren Definition. Im Wesen der antiken systematisierenden Theorien, die in ihrer streng ordnenden Form später durch die mittelalterliche Literatur der Jurisprudenz und Theologie reaktiviert und aktualisiert wurde, unternahm Pseudo-Dionysius Areopagita gegen das Jahr 500 den Versuch, die bis anhin noch verschwommenen Funktionen und Hierarchien der Engel durch eine Systematisierung zu klären. Seine Schrift *Über die himmlischen Hierarchien* (Peri tes ouranias hierarchias – de caelesti hierarchia) schuf die Basis für die während des Mittelalters im Orient und Okzident verbindliche Ordnung der Engel. Seine Engelsystematik wurde um 858 vom irischen Gelehrten Johannes Scotus Eriugena am westfränkischen Hof König Karls des Kahlen (840–877) in das Lateinische übersetzt und wirkte weit über das Mittelalter hinaus in die Vorstellungen und Phantasien der Neuzeit hinein.

▷ Die Illustration der Weltordnung mit den Engelshierarchien in einer reich illuminierten mehrbändigen französischen Ausgabe der *Postilla litteralis* zum Alten und Neuen Testament des Nikolaus von Lyra in der Bibliothèque Nationale in Paris (Ms. Lat. 11972, fol.1).

Die Triaden von Engeln

Nach Pseudo-Dionysius sind die himmlischen Hierarchien Teil des göttlichen Prinzips. Sie sind die ersten, die vom göttlichen Prinzip erleuchtet wurden, und über ihre Vermittlung wurde auch die Menschheit (wenn auch in abgeschwächter Form) in die Kenntnis des göttlichen Gefüges gesetzt und darin mit einbezogen. Die göttliche Vollkommenheit der Himmelswesen nimmt nach Pseudo-Dionysius hierarchisch unterscheidend von den Gott am nächsten Stehenden zu den unmittelbar auf den Menschen Einwirkenden ab. Dafür erstellte Pseudo-Dionysius drei Triaden (Dreiergruppen) von Engeln, die, von oben nach unten gedacht, in

neun Chöre gestuft werden. Wie aus Guarientos Darstellungen (um 1350–60) der unteren beiden Engelchöre, der Erzengel und Engel hervorgeht, wurden die Himmelswesen eng mit dem jenseitigen Leben des Menschen in Zusammenhang gesehen. Sie begleiten den Verstorbenen an seine ewige Destination, und sie beschützen ihn. Sie besiedeln deshalb die dem Menschen zugedachten drei Jenseitsbereiche, wo sie je nach Ort als unerbittliche ausführende Gewalt Gottes, als Tröster und Retter oder als Gott verherrlichende Wesen agieren.

Gottes Weltordnung in der christlichen Kunst

Die Engelshierarchie wurde mehrfach in versteckter, allusiver Form, oft aber auch recht getreu ins Bild gesetzt; vor allem wenn es darum ging, Gottes Weltordnung darzustellen. Im Vordergrund lagen somit Bildthemen wie die Darstellung des himmlischen Paradieses oder Mariens Himmelfahrt und Aufnahme in die Himmelsglorie. Sehr detailliert illustriert wurde das Konzept von Pseudo-Dionysius' Himmelshierarchie gewöhnlich in Darstellungen der Weltschöpfung. Sie zierten gerne die Titelblätter mittelalterlicher Weltchroniken, die immer auf die damalige Weltordnung bezogen wurden und mit der Schöpfungslegende einsetzten. In eindrücklicher Form figuriert die Illustration der Weltordnung mit den Engelshierarchien in einer reich illuminierten mehrbändigen französischen Ausgabe der *Postilla litteralis* zum Alten und Neuen Testament des Nikolaus von Lyra in der Bibliothèque Nationale in Paris (Ms. Lat. 11972, fol.1). Ähnlich, wie es drei Jahrzehnte später Hartmann Schedel für seine 1493 in Nürnberg gedruckte Weltchronik tun wird, führt uns der französische Buchmaler ein Weltbild vor Augen, das noch auf der antik-mittelalterlichen Vorstellung beruht. Die himmlischen Hierarchien sind am oberen Rand eines Kreisdiagrammes zu erkennen, das als Modell für das geozentrische, ptolemäische Weltall mit der Erde als Mittelpunkt gedacht ist. Es enthält konzentrische Kreise der Planetenbahnen sowie einen äußersten Kreis als Fixsternhimmel. Er ist der höchste Himmel, in dessen Zenit der thronende Christus als Weltenschöpfer erscheint. Um ihn kreisen auf neuen absteigenden Bahnen die jeweiligen Engelchöre. Ihre Identität ergibt sich bloß aus der absteigenden Systematik der Engelordnung. Die obersten und Gott nächsten Engel sind stets die Cherubim und Seraphim. In die gleiche, ausschließlich Gott zugewandte Triade gehören die Throne. Die Engel der zweiten Triade, die Dominationes, Virtutes und Potestates, alle mit Szepter in ihren Händen, zeichnen sich durch eine Hinwendung sowohl zu Gott als auch zum Menschen aus, während jene der untersten Triade, die Principatus, Archangeli und Angeli, wie ihre nach unten oder dem Bildbetrachter zugewandten Blicke zeigen, sich der Menschheit hinwenden.

Wenn der französische Buchmaler die Vertreter der einzelnen Engelchöre nicht genauer nach deren Funktion definiert, so wird aber klar, dass die drei Triaden hierarchisch von oben nach unten nach dem Grad der Zuwendung ihrer Vertreter zum Menschen unterschieden werden.

Attribute und Funktionen der Engel in der Himmelshierarchie

Zusammengefasst erscheinen die Engel in der Systematisierung des Pseudo-Dionysius als himmlische Intelligenzen, die offenbaren. Die höchsten Wesen sind Botschafter der göttlichen Ordnung, von der sie bewegt werden; die andern offenbaren gemäß den ihnen von dieser Ordnung zugestandenen Möglichkeiten das, was ihnen von jenen überbracht wurde, die selbst von Gott dazu bestimmt wurden, das heißt von den jeweils nächst höheren himmlischen Intelligenzen (siehe S. 13–21).

Noch eingehender unterscheidet ungefähr zur gleichen Zeit der Paduaner Maler Guariento di Arpo, der für die Hofkapelle im Palast der Carrara in Padua eine (heute nunmehr) in Einzelstücken erhaltene Himmelsvision gemalt hatte. Durch ihre Aktionen oder ihre Attribute verdeutlichen seine Engel in einzelnen Bildern die ihnen zugewiesenen Funktionen.

▶ Bartolo di Fredi, Marienkrönung im Beisein von Seraphim und musizierenden Engeln, 1388, Temperagemälde, Montalcino, Museo Civico.

(Bildlegenden für Seiten 14–21) Guariento, Engel der verschiedenen Engelchöre, Temperagemälde, um 1350–1360, Padua, Museo Bottacin und Museo Civico.

Triade der oberen Engelchöre

Seraphim

Seraphim

In Guarientos Serie hat sich vom höchsten Engelchor, dem der Seraphim, kein Fragment erhalten, zur Illustration verweisen wir deshalb auf eine knapp ein halbes Jahrhundert spätere Darstellung des Sienesen Bartolo di Fredi, der die Protagonisten einer Marienkrönung, den Sohn Gottes und dessen Mutter, auf einem Seraphimthron schwebend erscheinen ließ. In Anspielung auf ihre Bedeutung im Hebräischen als die Brennenden erscheinen die Seraphim als feurig rote, mit sechs Flügeln ausgestattete Flügelwesen. Sie sind die Gottesnächsten und unmittelbar auf die Gottheit bezogen, weshalb sie als Thronwächter das Licht, die Reinheit und die göttliche Liebe repräsentieren.

Cherubim

Cherubim

Der nächste Engelchor ist der der Cherubim. Obwohl ihnen vier Flügel nachgesagt werden, stellt sie der Maler gleich wie die Seraphim mit sechs Flügeln, jedoch in blauer Farbe dar. Auch diese Himmelswesen sind Gott völlig zugewandt und repräsentieren die göttliche Weisheit und Erkenntnis. Als Wesen der göttlichen Erleuchtung waren sie die Wächter des Gartens Eden mit dem Baum der Erkenntnis. Deshalb oblag es ihnen, die ersten Ureltern nach dem Sündenfall durch die Frucht des verbotenen Baums der göttlichen Erkenntnis aus dem Paradies auszuweisen. Als Vertreter der Weisheit und göttlichen Erleuchtung wurden sie vom Künstler durch das runde, auf das Ezechielsrad anspielende Schild in ihren Händen gekennzeichnet, auf dem mit großen Lettern die lateinische Übersetzung des hebräischen Cherubim Plenitudo Scientia (Fülle der Erkenntnis) eingeschrieben ist.

Throne

Throne

Die letzte Gattung der obersten Triade sind die Throne. Sie sind wie ihr Name besagt die Engel, die Gottes Thron stützen. Als sublime, in ihrem Geiste stets Gott zustrebende Wesen, denen jegliche ungehörige Neigung fremd ist, entziehen sie sich allem Niedrigen und empfangen die göttliche Gnade. Diese Wesen lässt Guariento auf leuchtenden konzentrischen Kreisen sitzen. Als Zeichen ihrer hohen Würde tragen sie Diademe und halten in ihren Händen einen Reichsapfel und ein Lilienszepter.

Triade der mittleren Engelchöre

Dominationes

Herrschaften

Der oberste Bereich der mittleren Triade gehört den Dominationes (Herrschaften). Die Engel der Dominationes sind die Weltenlenker nach dem göttlichen Plan. Geprägt ist ihr Tun von ihrer totalen Zuwendung zum wahrhaft Seienden. Als Lenker des Weltgeschehens, die in totaler Harmonie und fern jeglichen Makels agieren, erscheinen sie in der Interpretation des Malers in königlichen Gewändern mit Krone, Szepter und Reichsapfel auf einer marmornen Thronbank sitzend.

Virtutes

Mächte

Der nächstuntere Engelchor ist der der Virtutes (Mächte). Diese Engelgattung ist unter jenen der zweiten Triade die oberste und zugleich erste, die unmittelbar auf die Menschheit einzuwirken vermag. Ihre guten Werke werden vom Menschen auch als solche, nämlich als Wunder aufgenommen. Diese Engel tun für den Menschen gute Werke und helfen durch ihre Wunderwirkung in Notsituationen. Es überrascht deshalb kaum, dass Guariento diesen besonderen und Hoffnung nährenden Aspekt der Virtutes als wundertätige Wesen konkret ins Bild setzte. In seinen Bildern erscheinen die Engel der Virtutes entweder bei der Heilung von Kranken, oder sie lassen, wie einst Moses, für den Dürstenden Wasser aus dem Felsen hervortreten, oder retten Schiffbrüchige vor dem Untergang.

Potestates

Gewalten

Der unterste Engelchor der mittleren Triade schließlich wird von den Potestates (Gewalten) besetzt. Ihre Vertreter, die, wie schon ihr Name aussagt, sich durch gewaltige Kräfte auszeichnen, setzen ihre große Energie nicht despotisch nach ihrem eigenen Willen ein, sondern stellen sie in den Dienst des Guten. Sie stehen an der Schwelle von der himmlischen zur irdischen Sphäre und haben deshalb den göttlichen Raum vor allen negativen Einflüssen des irdischen Bereichs zu schützen. Folgerichtig lässt Guariento die Vertreter dieser Engelsgattung als Teufelbändiger in Erscheinung treten, gleich wie dies auch Pacino da Buonaguida in seinen Buchminiaturen (London, British Library, Ms. Royal 6 E. IX) tat, wo er diese Engel als geharnischte und dämonische Ungeheuer in Schach haltende Himmelsstreiter darstellte. Im Vergleich dazu verlieh der Künstler den Potestates allerdings ein ungleich eleganteres Aussehen. Sie erscheinen in zierlicher, und so an eine Hofdame gemahnende Pose, zumal sie den ihnen zu Füßen liegenden und in Ketten gelegten Teufel wie ein Schoßhündchen an der Leine halten. Auf diese Weise tun sie kund, dass sie das Böse der Welt in Schach halten und dass damit der göttliche Bereich vor jeglichem Makel, der von außen eindringen könnte, gefeit ist.

Triade der unteren Engelchöre

Principatus

Fürstentümer

Die unterste dritte Triade wird von den Principatus (Fürstentümern) angeführt, die, wie schon ihr Name aussagt, als göttlicher Souverän mit Herrschergewalt in Erscheinung treten. Als weltzugewandte himmlische Streiter schützen sie die Religionen und Völker. In Guarientos Interpretation treten sie als Himmelsstreiter mit Lanze und Schild auf.

Archangeli

Erzengel

Den Exponenten des zweituntersten Engelchors, den Erzengeln, ist die Rolle eines Mittlers zwischen den erwähnten Principatus und der untersten Engelordnung, der Engel zugedacht. Sie werden von den Principatus erleuchtet und vermitteln diese göttlichen Erkenntnisse den Engeln des untersten Chores, die sie schließlich den Erleuchteten unter den Menschen weitergeben. Allgemein sind es diese beiden untersten Engelchöre, die mit dem Menschen in Verbindung treten. Dies hat der Maler so ins Bild gesetzt, dass die beiden untersten Engelstypen den Aufstieg der menschlichen Seele zurück zu Gott zeigen, und zwar in einer Form, wie sie die christliche Ikonographie dem Erzengel Michael als Seelengeleiter (Psychopompos) und Seelenwäger zugedacht hat.

Die Hierarchie der Engel

Angeli

Engel

Die Vertreter des untersten, der Menschheit am nächsten stehenden Chores, die Engel, halten jeweils die Seele eines Menschen in Händen, um sie dem Urteil des Erzengels auszusetzen. Letzteres ist im Zusammenhang mit den Erzengeln vor Augen geführt, wo deren Repräsentant sie nun vor den Anfechtungen des Bösen verteidigt.

In Guarientos Bildfolge wird demnach das hierarchisch geordnete, zu Gott strebende System der Engelhierarchie vom noch dem Menschen zugewandten Engel bis zum Gott nahen Seraphim, als Vertreter der reinen göttlichen Liebe entwickelt auf den Menschen bezogen. Es zeigt im Zusammenhang mit den beiden untersten Engelchören, den Aufstieg seiner Seele nach dem Tod zurück in die göttliche Ordnung.

Meister der Vitae Imperatorum, Lombardei um 1440, Bildinitiale E mit der Versuchung Christi, Österreich, Privatsammlung.

Zwischen uns

und der Hölle

oder dem Himmel

steht nur das Leben

Blaise Pascal
(1623–1662)
Pensées

Die Engel und Teufel in Himmel, Hölle und Fegefeuer

Das Gericht über Gut und Böse

Die Jenseitsbereiche der Kulturen spalten sich zumeist in Gut und Böse und werden von der menschlichen Einbildungs- und Aussagekraft in Oben und Unten eingestuft. Dazwischen gibt es mannigfache Übergangsformen. Sie haben in Wort und Bild, in Literatur und Kunst bleibenden Ausdruck gefunden.

Frühe Jenseitsvorstellungen enthalten die ägyptischen Totenbücher. Aus ihnen ersehen wir, dass man schon lange vor unserer Zeitrechnung an eine jenseitige Welt glaubte und diese als einen vom Diesseits weit abgeschiedenen Bereich verstand. Sie soll durch Wasser von der erfahrbaren Welt getrennt gewesen sein. Um in das Reich des Osiris zu kommen, bedurfte es nach ägyptischer Jenseitsvorstellung deshalb eines Bootes, mit dem man das andere Ufer auf einer Reise voller Gefahren erst gewann. Nach der Ankunft im Jenseits wartete dort das Gericht, das über Gut und Böse im verflossenen Leben des Toten entschied. Das Gericht des Osiris, so lehrt das 125. Kapitel eines der wichtigsten der Totenbücher, betrifft auch die Seele. Der Tote legt sein Herz auf die Waagschale und bittet es, nicht gegen ihn auszusagen. Er kann vor diesem Gericht ein Bekenntnis seiner guten Taten ablegen und den höchsten Richter Osiris, den ermordeten Gott, um seinen Schutz bitten.

Auch die persische Religion kennt die Reise der Seele nach dem Tod. Sie führt über eine Brücke zum Gericht und in die himmlischen Bereiche. Die Brücke und ihr Überqueren bergen hohe Gefahren in sich, die zu bestehen den Anfang alsdann bevorstehender Prüfungen bildet. Nach dem allgemeinen Gericht erfährt der Kosmos eine Erneuerung, in die auch der menschliche Leib einbezogen ist. Die Leiber der Toten stehen wieder auf.

▲ Papyrus von Ani. Seelenwaage in einem ägyptischen Totenbuch, um 1350 v.Chr.

Die alten Mythen leben im Christentum wieder auf: Gericht, Seelenwaage, Buch des Lebens begegnen in der Geheimen Offenbarung des Johannes, der sich auf die Psalmen berufen kann (Ps 68, 28–29; Apok. 3,5). «Wer sich nicht im Buch des Lebens geschrieben fand, ward in den Pfuhl des Feuers geworfen» (Apok. 20,14–15). Vor dem Gericht aber, so sagt die Apokalypse, «kam es zu einem Kampf am Himmel: Michael mit seinen Engeln schickte sich an, mit dem Drachen zu kämpfen ... Herabgestürzt ward der große Drache ... und mit ihm wurden auch seine Engel gestürzt.» (Apok. 12,7–10). In der Gestalt des Erzengels Michael fand schließlich die christliche Gedankenwelt und mit ihr die Kunst dieses Ideal eines Engels. Er wird zur Lichtgestalt und stürzt die bösen Engel, die dunklen Mächte in den Abgrund der Finsternis hinab.

Für die meisten Kirchenväter und mittelalterlichen Theologen waren die Engel Lichterscheinungen und Lichtgestalten. Auch Hildegard von Bingen (1098–1179) sieht im Engel den Sieg des Lichtes über das Dunkel verkörpert. Im *Liber scivias* («wisse die Wege») sagt sie von den Abtrünnigen: «Sie schauten auf Gott nicht mit dem Blick der erkennenden Liebe, sondern mit dem Verlangen, sich über ihn, den sie nicht erkennen wollten, emporzuschwingen ... Lieber steuerten sie dem eigenen Untergang zu, als dass sie das Verlangen in sich aufkommen ließen, Gott in seiner Heiligkeit zu schauen. Sofort erloschen sie und wurden schwarz wie Kohle. Im gleichen Augenblick, da Luzifer mit seinem Anhange es stolz verschmähte, Gott zu erkennen, starb in ihm der blitzende Lichtglanz, mit dem ihn die Macht Gottes bekleidet hatte; denn er selbst zerstörte in sich die innere Schönheit, deren Erkenntnis ihm zum Guten hätte dienen sollen, und streckte sich gierig nach der Bosheit aus, die ihn in ihren Schlund zog, so erlosch er für die ewige Herrlichkeit und stürzte in immerwährendes Verderben. Und auch die übrigen wurden schwarz wie erloschene Kohlen. Mit ihrem Anführer, dem Teufel, wurden sie der Herrlichkeit ihres Glanzes entkleidet und erloschen in finstere Verderbnis, jedes Lichtes der Seligkeit beraubt, wie die Kohle des leuchtenden Feuerfunkens entbehrt.» Das Engelsbild der Hildegard von Bingen übernahm ein sienesischer Maler aus der Nachfolge des Simone Martini (um 1284–1344). Eine Darstellung des Engelsturzes im Louvre zeigt die in den Sog eines Wirbelwindes geratenen, pechschwarz gewordenen Engel, wie sie in ihr ewiges Verderben durch dunkle Löcher in der Erdkugel verschwinden. Im Kontrast dazu erscheinen der Erzengel Michael und sein Gefolge als golden schillernde Lichtwesen.

Der Kontrast zwischen Hell und Dunkel, Gut und Böse wird so zur Kernaussage der Jenseitsvorstellungen; Lichtwesen und Dämonen werden zu Protagonisten in den Darstellungen des Jüngsten Gerichtes. Der berühmte Florentiner Dominikanermönch Fra Angelico (1387–1455) setzte den Kontrast des Lichtes und der Dunkelheit auf zwei Flügeln eines Triptychon-Altärchens in Londoner Privatbesitz, dessen Mitte mit dem Jüngsten Gericht in Verlust geriet, besonders eindrucksvoll ins Bild. Dem rechten Flügel zugeordnet sind die reinen, dem Paradies zustrebenden, engelgleich bekränzten Seelen, wohingegen auf dem linken Flügel die kopfüber in den nächtlichen Höllenschlund stürzenden Sünder erscheinen. Angeführt und begleitet von Engeln, streben die Seligen im goldenen Lichterglanz der göttlichen Erfüllung zu. Am Ziel ihres Strebens löst sich die Prozession der Seligen auf, um im Reigen der Engel aufzugehen. Im Gegensatz dazu stürzen die Verdammten als hierarchisch geordnete Traube – zuvorderst Kaiser und König, am Ende der Bürger – durch den Tunnel rabenschwarzer Finsternis dem flammenzüngelnden Höllenschlund im ewigen Verderben zu.

Dem Gerichtsbild entwächst das Bild des Erzengels Michael als Drachentöter, das heißt als Überwinder des Bösen, und als Seelenwäger. In der mittelalterlichen Frömmigkeitsgeschichte fand er als Heiligengestalt Eingang in den Kalender und in die Liturgie. Er wird Patron der Kirchweihe, und das Offertorium der Totenmesse nennt seinen Namen. Er wird zum Seelenführer der Verstorbenen. Zudem weiß das Mittelalter von verschiedenen Erscheinungen etwa auf der Engelsburg in Rom, auf den Bergen Gargano und Saint-Michel. Er manifestiert seine Macht gegen Seuchen, Pest und Tod. Ein Gebet des Totenoffiziums der Messe ruft ihn

◁ Sturz der Engel, Tafelgemälde, Nachfolge des Simone Martini (1284–1344), um 1345, Louvre, Paris.

als Erlöser der verstorbenen Seelen an: «Erlöse die Seelen aller Gläubigen, damit sie nicht in die Dunkelheit fallen, sondern dass der hl. Bannerträger Michael sie dem ewigen Licht hinzuführe.» Aus diesen Zusammenhängen lassen sich Bilder wie die Doppeltafel von Hans Leu dem Älteren (um 1460 bis Anf. 16.Jh.) aus dem Kunsthaus Zürich erklären, der den Engelsturz und die Seelenwaage einander gegenüberstellt.

**Dantes Jenseitsvisionen:
Inferno, Purgatorio, Paradiso**

Keiner beschrieb das Jenseits so ergreifend wie der große Dichter Dante Alighieri (1265-1321) in seiner *Divina Commedia* (Die Göttliche Komödie). Er gliederte seine Gesänge in drei «Akte»: die Hölle, das Fegefeuer und das Paradies. Seine Dichtung hatte auf die bildende Kunst, vor allem auf die Malerei, großen Einfluss – vorwiegend in Italien. Im Gegensatz zum Himmel als Stätte des Lichtes und der Seligkeit war die Hölle der Bereich der Finsternis, in dem Chaos und Verderben herrschen. Sie ist das Reich der gefallenen Engel, die sich über ihre menschlichen Gesinnungsgenossen hermachen. Die Höllenbilder sind seit dem Mittelalter in zunehmendem Maße farbig geschilderte Schreckensbilder und Bilder der Pein, die den Betrachter warnend in Angst versetzen sollten. Rastlosigkeit und Qualen bilden ein Chaos, das nun ähnlich dem Himmel auch seine Ordnung hat. So vielfältig die Verfehlungen der Sünder waren, so verschieden waren die Orte und Arten der verhängten Strafen. Im Laufe des 14. Jahrhunderts werden besonders in der italienischen Kunst im Gefolge von Dantes *Divina Commedia* (Hölle) die Strafarten systematisiert. Im Vordergrund stand nicht so sehr die äußere, etwa geographische Beschreibung des Ortes

Paradies und Hölle, Flügel eines Triptychons, Fra Angelico (1387-1455), um 1430, Privatbesitz, London.

Himmel, Hölle und Fegefeuer

▲ Der Engelsturz. Erzengel Michael im Kampf mit Luzifer.

◂ Das Jüngste Gericht. Erzengel Michael als Seelenwäger. Öl auf Holz, beide vom jüngeren Zürcher Nelkenmeister (Hans Leu dem Älteren; um 1460 bis Anf. 16. Jh.), Zürich um 1500, Kunsthaus Zürich, Leihgabe der Gottfried Keller-Stiftung.

der ewigen Pein – meist ein dunkler Höllenberg –, sondern die sich darin abspielenden Vorgänge, das Sündenregister. Dafür wurden die Augen des Betrachters in Grotten und Gänge geführt, in denen die Verdammten, ein jeder nach seinen Verfehlungen, in entsprechende Orte eingewiesen wurden und dort die Peinigungen auf sich nehmen mussten. Auch die Strafmodalitäten waren nach einem hierarchischen Prinzip gegliedert. Die Hölle war nicht, wie es in den kanonischen Schriften steht, als summarisches Heulen und Zähneknirschen oder als endgültige Vernichtung gesehen (Matthäus 25,30–46); im Vordergrund stand die Visualisierung und Dramatisierung der individuellen Qual. Auch darin brachte Dantes *Divina Commedia* auf einen Nenner, was diesbezüglich die Theologie und Literatur zu sagen gehabt hatten.

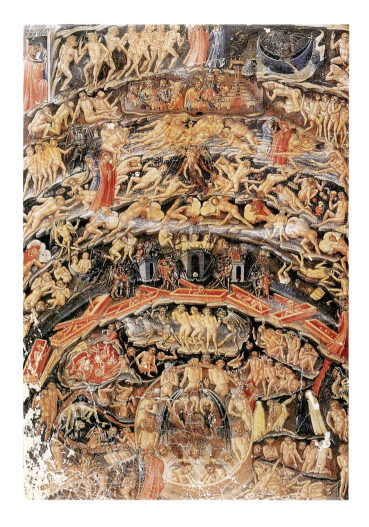

▷ Die Hölle aus Dantes *Divina Commedia*, Bartolomeo di Fruosino (1366/69–1441), Florenz, um 1430, Bibliothèque Nationale de France, Paris, Ms. it. 74, fol. 1v.

Es ist der römische Dichter Vergil (70–19 v. Chr.), der ihn durch das Inferno der Unterwelt führt, die in neun Kreise gegliedert ist: 1. Ort der guten Seelen (der Ungetauften der vorchristlichen Zeit), 2. die Liebessünder, 3. die Gefräßigen, 4. die Zornigen und Trägen, 5. die Rachsüchtigen, 6. die Ketzer, 7. die Gewalttätigen, 8. die Betrüger, Kuppler und Verführer, 9. die Verräter mit Luzifer als Höllenkönig. Die mit vielen Beispielen aus der Antike bestückte Höllenschilderung Dantes verbreitete sich nicht zuletzt über die Illustration seines Werkes, an der man auch in Frankreich interessiert war. Vorerst verzichteten jedoch die französischen Buchmaler auf seine Visionen. So zeigen die Brüder von Limburg in den *Très Riches Heures* des Duc de Berry (1340–1416) (Chantilly, Musée Condé, Ms. 65, fol. 64 v) die gestürzten Engel, wie sie in den Feuerpfuhl des sich öffnenden Höllenschlundes abtauchen. Die Italiener dagegen bringen Dantes Visionen früh zur Darstellung. Das große Weltgerichts-Fresko mit Paradies und Hölle, wahrscheinlich nach 1340 von Bonamico Buffalmacco im Camposanto (Friedhof) von Pisa gemalt, steht, wie Millard Meiss schon 1969 zeigte, in engem Zusammenhang mit der Illustration von Handschriften der *Divina Commedia*. Eine von Bartolomeo da Fruosino um 1420 illustrierte *Göttliche Komödie*, Ms. it. 74 der Bibliothèque Nationale de France, Paris, bringt auf fol.1v die Hölle in einem Querschnitt, der alle von Dante erwähnten Strafkreise, auch inschriftlich bezeichnet.

Antike Dämonen, christliche Schutzengel

Dante fand viele Vorbilder zu Hölle, Fegefeuer und Paradies in der Literatur der Antike. Der römische Dichter Vergil (70–19 v. Chr.) wird sein Führer durch die Hölle, das 6. Buch der *Aeneis* regte ihn zur Begegnung mit den antiken Philosophen von Platon (428/427–348/347) bis Empedokles (um 490–435/430 v. Chr.) an. Platon spricht in Kap. 55–62 seines Dialoges *Phaidon* von der Unsterblichkeit der Seele und dem Leben nach dem Tode. Er sagt: «Es werden alle Menschen nach dem Tod, nachdem ja schon im Leben ein jeder einem Daimon zugeteilt gewesen ist, von ihm zu einem Platz geführt, ihr wisst davon, wo die Versammelten sich dem Gerichte unterwerfen. Und dann beginnt der Weg zum Hades.» Der platonische «Daimon» wird in der christlichen Glaubenswelt alsdann zum Schutzengel, der die Menschen im Diesseits vor dem Bösen bewahrt und die Seele im Jenseits vor dem Satan schützt. Wie wir weiter oben (vgl. S. 12 ff.) erwähnt haben, siedelte Pseudo-Dionysius Areopagita die Schutzengel bei den Engeln in der untersten Triade der himmlischen

▲ Die Probebrücke, unbekannter Meister, Holzschnitt, Süddeutschland, 2. Hälfte 15. Jh.

▶ *Les Très Riches Heures* des Duc de Berry, Der Sturz der Engel, Brüder von Limburg, Paris oder Bourges, um 1410, Chantilly, Musée Condé, Ms. 65, fol. 64 v.

Hierarchien an. Der Paduaner Maler Guariento stellte sie um 1350-1360 auf seinem Gemälde der himmlischen Chöre im Museo Civico von Padua dar. Seine geflügelten Wesen halten die Seelen behutsam in Händen. Die Erzengel wägen sie und schützen sie mit ihren Lanzen vor dem Zugriff des Teufels.

Das Schutzengel-Motiv enthält auch die Paulusapokalypse (*Visio sancti Pauli*, vgl. S. 47) und verbindet es mit dem Motiv der Probebrücke (vgl. S. 32f.), Engel und Teufel warten auf die Ankunft der Seelen im Jenseits, wobei zwischen ihnen ein Kampf ausbricht. Die Teufel wollen die Seelen von der Brücke ziehen, doch die Engel helfen ihnen beim Durchkommen. Ein unbekannter deutscher Künstler gab der Szene in einem Holzschnitt Ausdruck. Im Mittelpunkt der Darstellung steht ein Engel und begleitet einen armen Sünder auf seinem Gang über die Brücke. Durch ein sanftes Lächeln ermuntert er seinen Schützling, es jenem gleichzutun, der unter der Anfechtung schnaubender Teufelsdrachen über den stacheligen Steg der Freiheit entgegeneilt, um so den dornenvollen Bußgang zu beenden.

Der Berg der Läuterung, das Fegefeuer

In Kap. 57 des *Phaidon* erklärt Platon den Weg der Seele nach dem Tode. Der «Daimon» geleitet sie zu einer Stätte, an der die Scheidung wartet: «Die ungeläuterte, auf der die Last entsprechender Vergehen ruht ... die Seele meidet jeder und jeder geht ihr aus dem Weg, man will die Fahrt mit ihr nicht teilen und ihr den Führerdienst nicht leisten.» Die Seelen müssen zur Läuterung hinab in den Hades. Die guten und geläuterten werden alsdann von einem anderen Führer auf diese Welt zurückgebracht: «Indes die Seele, die lauter und besonnen den Lebenspfad durchschritten hat und die als Fahrtgenossen und als Führer Götter haben durfte – da lässt sich jede an dem Platz nieder, der ihr zusteht. Und zwar sind auf der Erde viele und wundervolle Regionen, und überhaupt ist ihre Art und Größenordnung ganz anders, als sichs jene denken, die über sie zu lehren pflegen: das hab ich mir von einem Kenner sagen lassen.»

Dantes Purgatorio (Berg der Reinigung) liegt diese platonische Idee ebenfalls zu Grunde. Im 5. Gesang beginnt der Aufstieg auf den Reinigungsberg, der in Kreisen gestuft ist. Da erscheinen schon im Tal zwei strahlende Engel mit Flammenschwertern, um jene Schlange zu besiegen, die die Wanderer bedroht. Es sind die Schutzengel der Läuterung. Auch im 15. Gesang erscheint ein Engel, dessen Glanz die Augen der Wanderer blendet, und lädt zum Eintritt in den neuen Kreis ein. Nach dem Erreichen des irdischen Paradieses (28. Gesang) erscheint Beatrice auf dem von Blumen und einer Engelwolke umkränzten Wagen. Sie geht mit Dantes Untreue, die sie ihm vorwirft, ins Gericht. Schließlich betritt sie mit ihm als Führerin das Paradies. Das Purgatorio ist demnach die Bußstätte der Hoffenden, in der die Engel viele Aufgaben übernehmen. Sie führen, trösten und werden zu Fürsprechern. Das sogenannte Patrickspurgatorium, ein Wandgemälde von 1346 in San Francesco zu Todi (Umbrien), bietet ein schönes Beispiel dafür. Die Geläuterten treten aus dem Läuterungsberg heraus. Sie werden von Maria empfangen und schließlich vom Apostel Petrus in das Himmlische Jerusalem hineingeführt.

Die Reinigung der Seelen geschah nach den Vorstellungen der frühen Theologen durch das Feuer. Maler und Miniaturisten haben es oft dargestellt. So sieht man auf einer Miniatur in einem Antiphonar des Archivio Comunale von Gubbio (Antifonario C. fol.104v) zum Totenoffizium (Totenmesse) in der unteren Bildhälfte einen großen Engel, der die Seele auf die Fürbitte eines Priesters hin aus dem lodernden Feuer befreit. Zwei schon geläuterte Seelen werden in der oberen Zone von Engeln in den Himmel getragen. Auch der anonyme Florentiner Maler, der Meister von San Miniato, stellte gegen 1480 das Purgatorium (Fegefeuer) auf seinem Gemälde im Museo Civico Amedeo Lia in La Spezia einfach als Bodenöffnung dar, in der sich ein Feuerschlund auftut, in dem die armen Sünder leiden. In allen diesen Zusammenhängen erhalten die Engel wieder ihre Funktion als Führer und Beschützer. Die Miniaturisten haben sie in Stundenbüchern in Verbindung mit dem Totenoffizium mannigfach ins Bild gesetzt. Maria und die Engel werden den zu läuternden Seelen zur Hoffnung und Himmelssehnsucht. Oft ist das Purgatorium eine feuerspeiende Einöde, zu der nun die Engel herniederschweben. Sie bekleiden die nackten Seelen wieder mit Strümpfen und Gewändern. Was sie einst Gutes taten, wird ihnen nun mit Gutem vergolten.

Reue, Buße und Seelenwaage

Mit der Läuterung zusammen zu sehen ist das Motiv der Reue (lat. contritio), die Bedingung zur Buße. Fra Angelico (1387–1455) hat sie in einer Miniatur personifiziert: Er malte inmitten der Läuterungsstätte eine sitzende Gestalt, die nachdenklich das Haupt in die rechte Hand stützt. Wie

QVI COELVM CECINIT MEDIVMQVE IMVMQVE TRIBVNAL · LVSTRAVITQVE ANIMO CVNCTA POETA SVO · DOCTVS ADEST DANTES SVA QVE
SENSIT CONSILIIS AC PIETATE PATREM · NIL POTVIT TANTO MORS SAEVA NOCERE POETAE · QVEM VIVVM VIRTVS CARMEN IMAGO FA

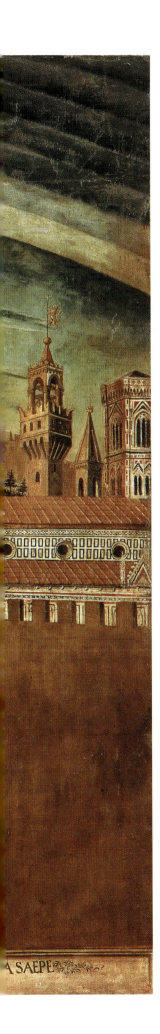

◀ Dante vor dem Läuterungsberg, Wandgemälde, Domenico di Michelino (1417–1491), 1465, Dom Florenz.

▲ Seelenwaage zwischen Fegefeuer und Hölle, Biagio di Ghoro Ghezzi, (Siena, um 1330–1384), Siena 1368, San Michele, Paganico (Grosseto).

der Gestus zu deuten ist, erfahren wir wieder von Dante: «e'n su la man, si posa ... il nudo braccio, di dolor colonna / sente l'oraggio che cade dal volto l'altra man tiene ascosa la faccia lacrimosa.» (Rime 15). Der Arm, auf den das Haupt aufgestützt ist, wird über die Metapher der Säule der Trauer als Gestus des schmerzlichen Bedauerns verstanden. Besonders eindrücklich angesprochen ist die Reue in einem der frühesten monumentalen Fegefeuerbilder, nämlich in Biagio di Ghoro Ghezzis (tätig im 3. Viertel d. 14. Jh.) Chorfresken von San Michele in Paganico (bei Siena) mit der Darstellung der Seelenwaage, des Fegefeuers und der Hölle. Im Zentrum steht der Erzengel Michael. Er hält in den ausgestreckten Armen die Waagschalen mit den als kleine nackte Menschen personifizierten Seelen. Er schützt sie vor dem rechts heranfliegenden Dämon, dem aus der Hölle kommenden nackten Teufel. Zu Füßen Michaels knien die beiden Seelen so, wie sie gelebt haben, nämlich als Mann und Frau, die die Werke der Barmherzigkeit verrichteten. Sie bekleideten die Nackten, gaben den Hungrigen zu essen und den Dürstenden zu trinken (vgl. Mt 25, 35–36). Ein heute kaum noch sichtbarer Sternstab verbindet diese «Werke» der Lebenden mit den Seelen der Toten, nach denen sie nun gewogen werden. Die linke Seite der Komposition zeigt die im Feuerloch des Fegefeuers um Errettung bittenden Seelen. Daraus heraus erwächst ein Lilienthron mit der grün gekleideten und geflügelten Personifikation der Hoffnung. Diese Hoffnung der Seelen erfüllt sich in Maria und den sie begleitenden Engeln. Die gekrönte Jungfrau und Himmelskönigin zieht sie aus dem Feuer. So wird der Erzengel Michael – Patron der Kirche – zur zentralen, das göttliche Recht vertretenden Gestalt der Komposition, zu dessen Seiten sich rechts der Himmel, links die Hölle auftut.

In der Frömmigkeit des 14. und 15. Jahrhunderts erfährt Maria eine stets wachsende Verehrung, Engel sind ihre Begleiter, Engelchöre umgeben sie, die Schützerin und Befreierin der Seelen. Der französische Maler Enguerrand Quarton (um 1410–1466) stellte das Thema in seinem Marienkrönungsbild, heute im Musée municipal Pierre-de-Luxembourg von Villeneuve-lès-Avignon, sehr eindrücklich dar. Maria wird zur Schutzmantelmadonna, die ihren Mantel über Himmel, Hölle und Fegefeuer ausbreitet. Die von Teufeln gepeinigten Ungläubigen schmoren in der ewigen Stätte der Pein. Als Ort der Gottlosigkeit ist dieser Ort durch eine Stadtdarstellung mit orientalischem Charakter gekennzeichnet. Auf der Gegenseite, vor einer als himmlisches Jerusalem zu deutenden Stadt mit gotischer Kathedrale, liegt ein Feuersee, in dem sich reuige Sünder, von Teufel-

Himmel, Hölle und Fegefeuer

Michael wägt die Seelen nach der Überquerung einer Probebrücke, unbekannter Meister, Wandgemälde, Abruzzen, um 1405, Santa Maria del Piano, Loreto Apruntino.

Sogenanntes Patrickspurgatorium, unbekannter umbrischer Meister, Wandgemälde, 1346, San Francesco, Todi (Umbrien).

chen gepeinigt, läutern. Die von Maria entsandten Engel stehen ihnen bei und verhelfen ihnen zur ewigen Freude. Der Empfang ist groß! Auf einer felsigen Anhöhe wird die geläuterte Seele von einem Engel begrüßt.

Der Engel als letzte helfende Instanz

Jedoch nicht immer verläuft die Läuterung auf diesem Weg. Schon Alberich von Montecassino (11./12. Jh.) transponierte das oben erwähnte persisch-zoroastrische Brückenmotiv von der Hölle in die Stätte der Läuterung. Hier «eilen über die Brücke die Seelen der Gerechten umso flinker, je freier sie von Sünden sind. Die Sünder aber sind durch Schuldenlast behindert, und wenn sie auf die Mitte der Brücke kommen, wo sie ganz schmal wird wie eines Fadens Breite, stürzen sie in die Tiefe und suchen sich aus dem Pech emporzuarbeiten, sinken aber wieder zurück und werden so lange gequält, bis sie geläutert die Fähigkeit erlangen, über die Brücke das andere Ufer zu erreichen. Diese Stätte hat den Namen Purgatorium.» Auf einem Fresko eines unbekannten Malers in Loreto Aprutino (Abruzzen) wird die Makellosigkeit der geläuterten Seele zweifach überprüft, einmal durch die Probebrücke, dann durch die Seelenwaage des Erzengels Michael. Der Engel wird hier wieder die letzte helfende Instanz, denn auch auf der Probebrücke schwebt den sie Überquerenden ein Engel voran.

So sind die Engel in allen Jenseitsbereichen zu finden. Sie umgeben den Thron Gottes, kämpfen gegen die Teufel, dienen der Himmelskönigin Maria, sind Beschützer und Helfer der Seelen auf dem Weg zur Läuterung und von dort zur Seligkeit. Schließlich vereinen sie sich mit den Menschenseelen in der ewigen Anschauung Gottes, so wie es Fra Angelico

Marienkrönung mit Himmel und Hölle und Fegefeuer, Enguerrand Quarton (um 1410–1466), Tafelgemälde, Avignon um 1453, Musée municipal Pierre-de-Luxembourg, Villeneuve-lès-Avignon.

Seit dem 12. Jahrhundert sahen die Theologen und Künstler diese Himmelshierarchien der Engel auch mit ihrem astronomischen Weltbild in Übereinstimmung und ordneten sie in das geozentrische Planetensystem ein. Auch Dante Alighieri (1265–1321) beschreibt jene Himmelskreise im 28. Gesang des *Paradiso*, die sich nach den alten Griechen und Römern um die mittlere Erde drehen. Mit der Erde und der Milchstraße des Fixsternhimmels sind es neun Kreise, fünf gehören den Bahnen der Planeten, zwei der Sonne und dem Mond. Dante wandelte das alte Weltbild zu seinem Himmelsbild. Das Zentrum hält nun die Gottheit als Lichtpunkt, darum herum folgen die Kreise der himmlischen Hierarchien, die die Augen des Dichters und seiner Führerin Beatrice abmessen.

Vielleicht so nah, wie manchmal scheint umgeben
Vom Hof das Licht, das ihn am Himmel flicht,
Je dichter jene Dünste, die ihn weben,

Lief um den Punkt ein Feuerkreis so dicht
In einer Schnelle über jener höchsten
Geschwindigkeit, die unsere Welt umflicht.

Und dieser war umschlossen von dem nächsten,
Und der vom dritten, der vom vierten dann,
Vom fünften vierter, fünfter von dem sechsten.

Darüber schloss der siebte dann sich an
In einer Breite, dass zu eng selbst ganz
Der Bote Junos, um ihn zu umfahrn.

So auch der achte, neunte; jeder Kranz
Bewegte Träger sich, je wie er war
An Zahl von eins in größerer Distanz.

Doch jene Flamme war besonders klar,
Die sich am nächsten fand dem reinen Funken,
Ich glaube, weil an ihm sie wird so wahr.

Da sie mich tief in Sorgen sah versunken,
Sprach meine Herrin: «Von dem Punkte hängt
Der Himmel ab, ist Allnatur ganz trunken.

Schau jenen Kreis, der ihm zunächst sich drängt,
Und wisse, dass so schnell ist sein Bewegen,
Weil ihn solch eine feurige Liebe sengt!»

in seinem von Dante inspirierten Flügelaltärchen dargestellt hat (vgl. S. 25).

Das Paradies, der Himmel

In der Überlieferung konkurrieren, wenn es um die Glückseligkeit nach dem Tode geht, zwei Vorstellungen miteinander: das irdische und das himmlische Paradies. Das irdische Paradies, das Land, in dem Milch und Honig flossen und in dem Adam und Eva sündigten, so dass die Menschheit künftig einer Erlösung bedurfte, lag auf dieser Erde. Das himmlische Paradies aber lag «überm Sternenzelt», wo dem Thron Gottes die Engel dienten. Pseudo-Dionysius Areopagita (Mitte 5.Jh.) schilderte und systematisierte sie. Wie wir weiter oben ausgeführt haben, unterteilte er die Engel in neun Chöre zu je drei Triaden. Seine Hierarchien zogen während des ganzen Mittelalters Dichter und Maler in ihren Bann. Buchmaler stellten sie in Mess-, Gebets- und Geschichtsbüchern dar. Im gestuften Himmel thront Christus als Weltenschöpfer und Weltenlenker. Im Zeitalter der Gotik wird ihm seine Mutter Maria zugesellt, die er zur Himmelskönigin krönt, was im zwischen 1292 und 1295 entstandenen Apsismosaik der römischen Basilika Santa Maria Maggiore zu sehen ist. Engelscharen schauen in den gestirnten Himmel hinein. Zu den Hierarchien der Engel gesellen sich alsdann die Heiligen, Märtyrer und Märtyrerinnen, Kirchenväter, Bekenner und Ordensheiligen. Sie alle haben an der Gottesschau, die die ewige Glückseligkeit bedeutet, teil. Nardo di Cione († 1365) malte in der Strozzi-Kapelle von Santa Maria Novella in Florenz das Jüngste Gericht, das Paradies und die Hölle auf Stirn- und Seitenwände und brachte die Gottesschau der Engel mit allen Heiligen zur Darstellung.

▶ Paradies, Nardo di Cione († 1365), Wandgemälde in der Strozzi-Kapelle von Santa Maria Novella, 1357, Florenz.

Danach erklärt Beatrice Dante die Kreise und das gemeinsam Geschaute:

*Als dann sie sah die zweifelnden Gedanken
In meinem Geist, sprach sie: «In ersten Ringen
Sahst du Seraph' und Cherubim sich ranken.*

*So schnelle folgen sie dann ihren Schlingen,
Dem Punkt, so sehr sie können, gleich zu sein,
Und nach des Schauens Höhe wills gelingen.*

*Die anderen Lieben, die darum sich reihen,
Sie heißen Throne mit den Gottesblicken,
Und formten so den Schluss der ersten drei'n.»*

Es folgt die Schilderung der beiden anderen Engeltriaden; der Herrschaften, Mächte, Gewalten sowie der Fürstentümer, Erzengel und Engel. Dazu beruft sich Dante auf die Autorität des namentlich angesprochenen Pseudo-Dionysius Areopagita als Seher dieser Ordnungen.

Dantes Himmelsvision war nicht allein in Italien eine unerschöpfliche Inspirationsquelle, wenn es darum ging, ein Abbild des Himmels zu schaffen, doch kaum hat je ein Maler seine Vorstellungen so ins Bild gesetzt wie der Florentiner Francesco Botticini (1446–1497) auf seiner beeindruckenden, um 1475 gemalten Tafel in der National Gallery, London. Thematischer Ausgangspunkt des Bildes ist die Entrückung der heiligen Jungfrau Maria in den Himmel und ihre Erhebung über die Engel. Der Maler hat hier die beiden Stifter und die ratlos vor dem leeren Sarkophag der entrückten Jungfrau stehenden Apostel in die gleiche Lage versetzt, in der auch Dante war, als er mit Beatrice in die himmlischen Gefilde schaute. Der Himmel öffnet sich hier wie eine große, lichterfüllte Kuppel, in deren Scheitel die von ihrem Sohn in Empfang genommene Mutter und Himmelskönigin erscheint. Wie von Dante beschrieben, werden die als mystische Braut und Bräutigam Verehrten von den neun in Triaden gestuften Engelchören, in die auch die Heiligen Aufnahme gefunden haben, umkreist. Botticinis Tafelbild gewährt zugleich einen Ausblick auf einen theologischen Gedanken, der für die Jenseitsbilder von großer Bedeutung war: Maria als Mittlerin der armen Sünder vor ihrem Sohn. Ihre Kraft als Mittlerin und Helferin der verstorbenen Seelen wurde im mittelalterlichen Glaubensverständnis mit ihrer Erhebung über die Engelchöre in Verbindung gesehen. Schon Albertus Magnus (um 1193–1280) sagt in seiner Predigt zu Mariä Himmelfahrt, dass Maria über die Engelchöre erhoben sei, damit sie sich kraft dieses Amtes als Königin der Barmherzigkeit vermittelnd für die armen Sünder einsetze.

Die Intercessio (das vermittelnde Einschreiten) Marias ist auf einem Tafelbild eines unbekannten niederländischen Malers des späten 15. Jahrhunderts dargestellt. Maria wird hier, aus dem Grab auffahrend, von den animierten Triaden der Engel zum Himmelsthron emporgehoben und von ihrem Sohn mit weiteren Engeln empfangen. Die Theologen führen die Gedankengänge weiter. Maria wird von der Heiligen Dreifaltigkeit (Vater, Sohn, Heiliger Geist) zur Himmelskönigin geweiht. Enguerrand Quarton (um 1410–1466) stellte das Thema in seinem Marienkrönungsbild eindrücklich dar. Die gekrönte Frau wird zur Mittlerin der Verstorbenen. In Enguerrands Fegefeuer-Darstellung erscheint am Rande des Feuertroges ein Engel, der auf die Fürbitte Mariens hin eine Seele daraus befreit. Der Engel verwirklicht so die Intercessio Marias.

*«Questi ordini di su tutti s'amirano
e di giu vincon si, che verso Dio
tutti tirati sono et tutti tirano.»*

*«Die Ordnungen schaun all nach oben hin;
Nach unten zwingen sie, dass alle Sphären
Zu Gott gezogen werden, alle ziehn.»*

(Dante, Paradies, 28. Gesang, übertragen von Wilhelm G. Hertz).

▶ Erhebung der Jungfrau Maria über die Engel, Francesco Botticini (1446–1497), Tafelgemälde, Florenz um 1470, National Gallery, London.

Mosaik des 6. Jahrhunderts. Vier Engel stützen das Medaillon mit dem Lamm Gottes, Ravenna, San Vitale.

Geschichte der Engel

Die Kunst hat es stets verstanden, die verschiedenen Vorstellungen, die sich mit den Himmelswesen verbanden, über das Bild näher zu bringen und auszudeuten. Ausgehend von der Weltkunst, soll hier ein geschichtlicher, die verschiedenen Kulturen übergreifender Abriss der Entwicklung der Flügelwesen geboten werden. Aufgespürt werden dabei die mannigfaltigen Bedeutungen, die den geflügelten Wesen zugedacht wurden, insbesondere deren Beziehung zum Menschen. Die Entwicklung der Engelwesen und die ihr zugrunde liegenden historischen und kulturellen Voraussetzungen werden am Bilddokument in historischer Abfolge, aber stets mit chronologischen Querverweisen nachgezeichnet. Daraus wird deutlich, wie eng Idee und bildliche Umsetzung verbunden waren und wie umgekehrt die Bildidee zuweilen auch grundlegend werden konnte für die schriftliche Aussage zum Engelwesen.

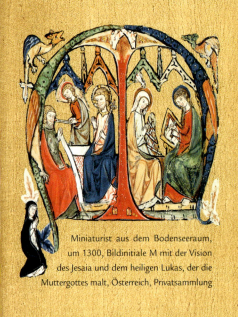

Miniaturist aus dem Bodenseeraum, um 1300, Bildinitiale M mit der Vision des Jesaia und dem heiligen Lukas, der die Muttergottes malt, Österreich, Privatsammlung

Sie [die Engel] erscheinen

nicht so, wie sie sind,

sondern so, wie die Sehenden

sie wahrnehmen können.

Johannes Damascenus
(um 700–750)

Geschichte der Engel bis zum hohen Mittelalter

Als zu Beginn des zweiten Jahrtausends das Bild der Hirtenverkündigung im Reichenauer Perikopenbuch Kaiser Heinrichs II. (1002–1024) entstand, hatte das Christentum bereits eine tausendjährige Kulturgeschichte zu verzeichnen. Darin spielten die Engel eine bedeutende Rolle. Sie waren in allen Zeiten die Boten Gottes und die Begleiter der Menschen, die sie mahnten und behüteten und deren Wege sie begleiteten.

Das Wort Engel (lateinisch angelus, griechisch angelos) sagt nichts über das Aussehen und Wesen der Engel aus, bedeutet es doch einfach Bote, im erweiterten Sinn Bote des Herrn, Bote Gottes. Sprachlich betrachtet gibt uns das Wort demnach keine Vorstellung vom Engel, und dennoch besitzen wir sie in ganz bestimmter Form, die wir der Literatur und der bildenden Kunst verdanken. Sie gaben dem Boten Flügel. Flügel sind für die Menschen des Jet-Zeitalters schon eine Selbstverständlichkeit. Sie tragen Flugzeuge über Länder und Kontinente, zu Geschäft, Urlaub und Krieg. Menschen selbst haben jedoch keine Flügel, und wenn sie sich mit geflügelten Mechanismen von der Erde erheben, droht ihnen immer noch der Absturz.

Der alte Orient und die Bibel

Natürlich meinen wir, die Engel seien biblischen Ursprungs, meinen sicher, Gott habe sie schon mit Flügeln erschaffen, damit sie als seine Boten den weiten Luftraum zwischen Himmel und Erdenmenschen überbrücken. Doch suchen wir in den anerkannten biblischen Büchern vergebens nach solchen Schöpfungstaten Gottes. Schuld daran wird

▸ Weihnachten, Frohbotschaft des Engels an die Hirten, Perikopenbuch Heinrichs II. (1002–1024), Reichenau, Anfang 11. Jh., München, Bayerische Staatsbibliothek, Clm. 4452, fol. 8 v.

Geflügelte Himmelsgöttin Nut mit den Söhnen von Horus, Isis und Nephtys, ptolemäische Mumienauflage, 2.-1. Jh. v. Chr., Basel, Privatbesitz.

Geflügelte assyrische Gottheit am Lebensbaum, Alabasterrelief vom Palast Assurnasipals II. (883–859 v. Chr.) in Nimrud, London, British Museum.

Thronender Christus mit Cherubim und den Symbolen der vier Evangelisten, Sakramentar aus Sankt Gereon, Köln, um 990–1000, Paris, Bibliothèque Nationale de France, Ms. lat. 817, fol. 15 v.

nicht zuletzt dem Kirchenvater Hieronymus (um 347–419/420) gegeben, der aus dem biblischen Corpus einige Schriften ausschloss, die wir als apokryph bezeichnen. Dazu zählt unter anderem das Buch Henoch und das Buch der Jubiläen, die beide das Bild der Engel prägten. Sie gehören zum vorchristlichen jüdischen Schrifttum. Da das Buch der Jubiläen von der Schöpfung berichtet, wird es die kleine Genesis genannt. Sie spricht von der Erschaffung der Engel durch Gott am ersten Schöpfungstag. Auch das an der Zeitenwende zum ersten christlichen Jahrtausend entstandene apokryphe Henochbuch weiß von Engeln, die Gott am ersten Tag, als Himmel und Erde entstanden, mitschuf. Sie waren zumeist elementare Geister des Feuers, der Winde und Wolken, Kälte und Hitze, der Jahreszeiten, Geister des Lichtes und der Finsternis.

Aber auch die Bibel und die Apokryphen haben ihre Kulturgeschichte. Wir bewundern heute die Kulturen Mesopotamiens, Assyriens, Babyloniens und Ägyptens, in die die Bibel gleichsam eingebettet ist. Auch sie gewinnen Anteil am Bild der Engel. Die Sumerer haben die Gottheit in Menschengestalt dargestellt und sie beflügelt. Ägyptische Wandmalereien zeigen die Göttin Isis mit wundervollen Schwingen an den Armen. Ein assyrisches Alabasterrelief aus dem Palast Assurnasipals II. (883–859 v. Chr.) in Nimrud am Tigris bringt als zentrales Motiv den Baum des Lebens zur Darstellung. An ihm pflücken zwei geflügelte Gottheiten mit Menschenleibern und Vogelköpfen die Früchte der Unvergänglichkeit. Wir sehen auf sumerischen Rollsiegeln Ischtar geflügelt, die Göttin der Liebe und des Krieges. Um sie spinnt sich der anrüchige Mythos, dass sie auch nach 120 Liebhabern noch keine sexuelle Ermattung zeigte. Nicht nur die Menschen-, auch die Tiergestalt hat der alte Orient beflügelt. Löwe und Stier, Sternbilder, in denen sich das Ende des alten und der Beginn des neuen Jahres begegnen, erhalten Flügel.

Solche altorientalischen Vorstellungen finden in der Gottesvision des Propheten Ezechiel (6. Jh. v. Chr.) Gestalt. Er sieht den Thronwagen Jahwes von vier Wesen gezogen: «Sie hatten Menschengestalt. Vier Gesichter hatte ein jedes und ebenso vier Flügel.» Die Gesichter waren die eines Menschen, eines Löwen, eines Stiers und eines Adlers, ihre Flügel nach oben hin ausgespannt (Ezechiel 1,4–11). Beeinflusst von diesen Vorstellungen schuf der syrische Mönch Rabula 586 in dem am Euphrat gelegenen Kloster Zagba das Bild der Himmelfahrt Christi. Der in der Mandorla stehende Christus steht auf dem Thronwagen Jahwes, den der geflügelte

◢ Himmelfahrt Christi auf dem «Thronwagen Jahwes» mit geflügeltem Tetramorph, Evangelienbuch des Mönches Rabula, Syrien, Kloster Zagba am Euphrat, 586, Florenz, Biblioteca Medicea-Laurenziana, Cod. Plut. 156, fol. 13 v.

▶ Sogenannter Hermes von Thalwil, Bronzestatuette des Gottes Merkur, römisch, 1. Drittel 2. Jh. v. Chr. Zürich, Schweizerisches Landesmuseum, Inv. Nr. A-3447.

Tetramorphe zieht – wie das Pferdegespann des Sonnengottes Helios.

Der heilige Hieronymus deutete diese Wesen in einer Vorrede zur Erklärung des Evangeliums nach Matthäus als die Symbole der Evangelisten Matthäus, Markus, Lukas und Johannes. Damit hatte er den Künstlern kommender Jahrhunderte den Weg zu einer bedeutenden Bildkomposition gewiesen, in der Christus als das Wort Gottes von den geflügelten Wesen umgeben ist. Die Flügelwesen sind so auch die der Gottheit am nächsten stehenden. Außer diesen Erscheinungen in Menschen- und Tiergestalt waren nach den Visionen der Propheten Ezechiel und Isaias auch andere geflügelte Wesen in unmittelbarer Nähe Gottes, nämlich die Cherubim und Seraphim, letztere hatten sechs Flügel (Jesaia 6,1). Ein Kölner Buchmaler gab um das Jahr 1000 dieser Vision überzeugende Gestalt. Die Cherubim umschweben anbetend den Thron des Weltenschöpfers Jesus Christus in den Himmelssphären. Die Gottesnähe solcher Flügelwesen konnte zur Annahme führen, sie hätten ihm bei der Schöpfung assistiert.

Griechen und Römer

Nicht so phantasievoll war die Entwicklung der Flügelwesen bei den Griechen. In der Frühzeit gab es dort keinen Baumeister der Welt, dessen Existenz in gewissem Sinne erst der Philosoph Platon (427–347 v. Chr.) begründete. Die Götter und die Welt entstanden nach dem Mythos aus dem Chaos. Die Götter wohnten vorerst nicht im Himmel, sondern auf dem Berg Olymp. Uranos (der Himmel) war der Gemahl der Gaia (Erde). Später bemächtigten sich die Götter auch des Himmels, Zeus wurde zum himmlischen Göttervater. Nun brauchten die Himmlischen einen Boten, der ihre Wünsche und

Befehle zu den Irdischen bringe. Es war Hermes, der zwecks Fliegens von oben nach unten mit Flügelschuhen und Flügelhelm ausgestattet wurde.

Zur Zeit Platons glaubte man, im kugelförmigen Universum, dessen Zentrum die Erde und dessen äusserster Kreis der Tierkreis mit den zwölf Sternbildern der zwölf Monate des Jahres bildet, gäbe es Wesen, die zwischen Mensch und Gott angesiedelt seien, nämlich die Dämonen, zu denen auch Eros, der Trieb der Liebe, gehört. In Platons Dialog «Das Gastmahl» erhebt sich die Frage, wie der Eros sein soll, sterblich oder unsterblich, woraufhin Diotima sagt «mitten zwischen den Sterblichen und Unsterblichen». Der Eros ist ein grosser Dämon. Das Reich der Dämonen aber liegt zwischen Göttern und Menschen. Sie füllen die Kluft zwischen beiden, so dass sich das All zusammenfügt (Platon, Gastmahl, Kap. 23).

Eros hielt alsbald auch bei den Römern Einzug als Amor, und damit er sein Spiel nicht allein treiben musste, gab ihm der Mythos Psyche zur Begleitung, die er mit einem Kuss in die Ewigkeit überführte. In den Häusern von Rom und Pompeji wimmelte es zur Römerzeit von Amor und Psychen. Ein Beispiel dafür bietet die zwischen 70 und 79 n. Chr. entstandene Casa dei Vetti. Die Vorboten der barocken Putti, die seit dem 17. Jahrhundert die Kirchen bevölkern, sind also hier zu suchen. Bis zum 4. christlichen Jahrhundert waren Amor und Psyche überall zu Hause. Eines der schönsten Beispiele ist das Mosaik im Haus des Bootes der Psyche im syrischen Antiochia. Wir sehen dort Eros-Amor als geflügelten Knaben im Boot der Psyche (der Seele), die mit Schmetterlingsflügeln beflügelt ist; Eros-Amor dagegen hat die Flügel eines Vogels. Diesem Unterschied von Flügeln liegt ein tiefer Sinn zu Grunde: Die Schmetterlingsflügel gleichen dem Hauch des Nichtmateriellen, seelischen, das Gefieder dagegen gehört den Vögeln aller Art, ob klein und zart oder gross und drohend.

▲ Wanddekoration mit Amor und Psyche, Pompeji, Casa dei Vetti, Pompeji, 70–79 n. Chr.

◀ Amor im Boot der Psyche, Fußbodenmosaik im sogenannten Haus des Bootes der Psyche, Antiochia, 4. Jh. v. Chr., Antakya (syrisch Antiochia), Türkei.

▲ Der Sturz des Ikarus, oben der Sonnengott und der stürzende Ikarus, Wandgemälde im Haus des Priesters Amandus, Pompeji, 40–70 n. Chr.

Geflügelte Menschengestalt

Die Sage des griechischen Altertums weiß vom Baumeister Dädalus, dass er für sich und seinen Sohn Flügel aus Vogelfedern und Wachs schuf, mit denen sie sich in die Lüfte erhoben. Als aber Ikarus, der Sohn, die Bahn des Vaters verließ und der Sonne entgegenstrebte, lösten deren heiße Strahlen das Wachs, und Ikarus stürzte ins Meer. Das Bild ist gewissermaßen die klassische Variante des Engelsturzes, von dem später die Rede sein soll. Hier sei an das zwischen 40 und 70 n. Chr. entstandene Wandgemälde im Haus des Priesters Amandus in Pompeji erinnert. Man sieht dort in den Lüften den Sonnenwagen Sols und den stürzenden Ikarus, der unten tot auf dem Rücken liegt.

Mit einer geflügelten Menschengestalt prägten die Griechen das Bild der Engel in gewisser Weise für alle Zeiten: mit Nike, der Göttin des Sieges. Das geläufigste Beispiel dafür ist die Nike von Samothrake im Louvre von Paris. Das überlebensgroße Marmorbild steht auf einem Schiff und erinnert an die Seesiege der Bewohner von Rhodos in den Jahren 191–190 v. Chr. gegen König Antiochos III. von Syrien. Die geflügelte Frauengestalt mit langem, wehendem Gewand hat, aus den Lüften herabgeschwebt, als Botin des Sieges auf dem Schiff Fuß gefasst. Ihr Gewand ist doppelt gegürtet und spielt im Wind um den Körper.

Die Römer gaben ihrer Siegesgöttin Victoria Romana einen politischen Auftrag, nämlich das Verkünden der Unbesiegbarkeit und Weltherrschaft des römischen Staates. Wie die Victoria beispielsweise aus Kaiseraugst bei Basel zeigt, hat die Göttin des Sieges nun auf dem Globus Fuß gefasst und erhebt in einem Rundschild das Bild Jupiters in den Himmel. Kaiser Augustus (27 v. Chr. bis 14 n. Chr.) ließ

△ Nike von Samothrake, Marmorstandbild (H. 2,45 m), gefunden 1863 auf Samothrake, geschaffen von Bildhauern aus Rhodos, um 190 v. Chr., Paris, Musée du Louvre.

◁ Der Sturz des Ikarus, Maso da San Friano (1536–1571), Florenz, Palazzo Vecchio.

ihr Bild vor dem Curiengebäude auf dem Kapitol in Rom aufstellen. Die schwebende Göttin hielt dort in der Rechten den Lorbeerkranz und in der Linken den Palmzweig, beides Zeichen des Sieges. Victoria erscheint demnach wie Nike als weibliche Göttin und Siegesverkünderin.

In der römischen Kaiserzeit stellten die Künstler auch männliche Wesen geflügelt dar. So sieht man auf dem Sockel der Ehrensäule des Kaisers Antoninus Pius (138–161) in den Vatikanischen Museen, Rom, einen nackten Jüngling mit gewaltigen Schwingen, mit denen er Antoninus und seine Gemahlin Faustina aus der Zeit in die Ewigkeit emporträgt. Er ist Aion, Sinnbild der Zeit, das durch die Flügel Sinnbild der Ewigkeit wird. Wie der geflügelte Aion gelten auch die Engel als unsterblich; nicht auf die Engel übertragbar jedoch ist die Nacktheit des Jünglings. Es gibt keine nackten Engel; sind sie nackt, so sind es Teufel.

▲ Apotheose des Kaisers Antoninus Pius (138-161) und seiner Gemahlin Faustina durch den geflügelten Aion, Rom, nach 161 n. Chr., Rom, Vatikanische Museen.

▶ Victoria Romana, Bronzestatuette der Victoria mit dem Bild Jupiters, römisch, Anfang 3. Jh. v. Chr., Kaiseraugst, Römermuseum.

Engel im christlichen Schrifttum

Fragen wir uns nun nach den Engeln im christlichen Weltbild, das ja heilsgeschichtlich auf dem Alten Testament fußt! Ersten Engeln begegnet man dort erst nach dem Sündenfall und der Vertreibung der Stammeltern aus dem Paradies: «Und als er den Menschen vertrieben hatte, stellte er östlich vom Garten Eden die Kerube auf und das zückende Flammenschwert, damit sie den Baum des Lebens bewachen» (1 Mose 3,24). Dieses zeigt schon die im 6. Jahrhundert entstandene Wiener Genesis, mittelalterliche Mosaizisten haben das Thema wiederholt dargestellt. Wer mehr über Engel wissen will, muss die apokryphen biblischen Bücher lesen: das Buch der Jubiläen, die beiden Bücher Henoch und die *Visio sancti Pauli* (Paulusapokalypse). Im Buch der Jubiläen (zeitrechnerische Einheiten) liest man, dass der «Engel des Angesichtes» Moses befiehlt, die Schöpfung nachzuschreiben (Jubiläen 1,27-29). Dieser Engel verkündet Moses die Urgeschichte der Welt. Am ersten Tag habe Gott die Himmel geschaffen, die Erde, die Wasser und alle Geister, die vor ihm dienen: die Engel des Angesichts, die Engel der Heiligung, des Feuergeistes, des Windgeistes, des Geistes der Wolken, der Finsternis, des Schnees, Hagels, Reifs, der Donnerschläge, Blitze, Kälte, Hitze und Morgenröte (Jubiläen 2,1-2). Die ganze Natur wird mit Gestalten von Engeln personifiziert.

Mehr über Engel erfahren wir aus den Büchern Henochs und dessen Himmelsreise. «Henoch wandelte mit Gott. Plötzlich verschwand er, denn Gott hatte ihn entrückt.» (1 Mose 5,24). Die Entrückung bringt Henoch empor zu den Engeln im Himmel, aber auch hinab zu den in der Unterwelt gebundenen, gefallenen Engeln. Oben begegnet er mehreren Gruppen von Engeln wie den Erzengeln

(1 Henoch 20,1–7), in der Unterwelt aber den von Gott Abgefallenen (1 Henoch 69,2–25). Bei seiner Himmelsreise gewinnt Henoch auch Einsicht in die Kosmogonie, in die Schöpfungsgeschichte und die astronomische Ordnung der Welt. Die Engel unterrichten ihn über alles. Zugleich lernt er aber auch ihre Gruppen und Namen kennen. Mit den Engeln kommt er Gott näher, denn das «Sein bei den Engeln» gleicht dem «Wandeln mit Gott» (Jubiläen 4,21).

Neben den vorchristlichen jüdischen kennt die Geschichte der Engel auch eine christliche apokryphe Schrift, die über die Entrückung des Menschen zu den Engeln führt: die Paulusapokalypse (Visio sancti Pauli). Der Entrückte (2 Korinther 12) sieht, wie die Engel Gott über die Menschen Bericht erstatten, sieht im dritten Himmel die Engel der Strafe und der Belohnung. Der entrückte Völkerapostel begegnet auch in der «christlichen Ortsbeschreibung» (christianikè Topographia) des Kosmas Indikopleustes (Indienfahrer) den Engeln. Im 9. Buch (Kap. 15–16) der in griechischer Sprache in den Jahren 547–549 in Alexandria geschriebenen «Weltgeschichte» schildert Kosmas die Entrückung des Paulus, den Gott in der Trübsal oft mit Visionen getröstet habe. Im dritten Himmel sah Paulus die Engel in ihrer Himmlischen Ordnung. Ihre Tätigkeiten und Dienste an den Menschen hätten den Apostel bestärkt, in seinem Dienst an der Kirche auszuharren. Die Ordnungen benannte er folgendermaßen: Fürstentümer, Mächte, Tugenden, Throne und Herrschaften. Kosmas berichtet auch von einer recht ungewöhnlichen Tätigkeit der Engel: Sie bewegten die Planeten und Gestirne am Himmel. Ein griechischer Illustrator der Topographie aus dem 11. Jahrhundert stellte dieses in Cod. gr. 1186 der Bibliothek des Katharinenklosters auf dem Berg Sinai recht eindrucksvoll dar. Er rückte die

◀ Die Vertreibung Adams und Evas aus dem Paradies, Mosaik aus dem Dom von Monreale, Sizilien, frühes 13. Jh.

▲ Engel als Thron des Schöpfergottes und Ausführende der Schöpfung, Giusto di Giovanni de' Menabuoi, um 1376, Padua, Fresko im Baptisterium der Kathedrale.

▶ Der Erzengel Michael, Marmorrelief (96 x 34 cm), Konstantinopel, spätes 12. Jh., Staatliche Museen zu Berlin, Museum für Spätantike und Byzantinische Kunst.

Erde in Form eines Berges mit dessen Spitze in die Mitte eines großen Kreises. Es ist der Zodiakalkreis, der in anderen entsprechenden Darstellungen die zwölf Bilder des Tierkreises enthält und damit den äußersten Kreis des Universums, nämlich den Fixsternhimmel beschreibt. Die Tierkreiszeichen sind hier durch fliegende Engel ausgewechselt, welche die Gestirne als kleine Kugeln halten. Auf zwei inneren Bahnen sieht man Sonne und Mond, die im Auf- und Abgehen von Engeln bewegt werden. Die Engel sind hier demnach Kräfte der Himmelsmechanik, die sonst durch den Impuls des Schöpfergottes funktioniert.

Engel der Schöpfung

Die Weltschöpfung und die damit verbundenen Vorstellungen über die Sphären des Alls haben die Menschen in allen Jahrhunderten gefesselt. Alle haben sie die Kraft und Größe des Schöpfergottes bewundert. Engel waren seine ersten Geschöpfe, sie enthoben ihn der Einsamkeit. Schon in den Schöpfungsbildern der karolingischen Bibeln finden sich die Engel als Begleiter des Schöpfers. Die italienischen Maler haben diesem Thema bis zu Michelangelo (1475–1564) besonders gehuldigt. An der Decke der Sixtinischen Kapelle fährt der Schöpfer Adams im Weltenmantel von Engeln getragen wie in einem Raumschiff einher. Vorstufen zu diesem Bild finden sich schon im 14. Jahrhundert, beispielsweise im 1376 entstandenen Schöpfungsbild des Giusto di Giovanni de' Menabuoi im Baptisterium des Domes von Padua. Die Engel sind der Thron des Schöpfergottes und tragen ihn über die Sphären. Zwei davon entsendet er zur Ausführung der Schöpfung. Um die Erde im Mittelpunkt zieht der Tierkreis mit den zwölf Monatsbildern, die zur

Erschaffung des Himmels gehören. Somit werden die Engel zu Assistenten des Schöpfergottes, zu den Ausführenden seines göttlichen Willens.

Die Erzengel – Engel der Inspiration

In der abendländischen Überlieferung kennt man drei Erzengel, nämlich Michael, Gabriel und Raphael; Uriel, der vierte dagegen, gehört zum byzantinischen Kanon der vier «Archangeloi». Die Erzengel vertreten verschiedene Eigenschaften, die Gott dem Menschen durch seine höchsten Boten zuteil werden lässt. Ein mittelalterlicher Goldschmied stellte die drei Erzengel und den heiligen Benedikt zu Seiten Jesu Christi auf der von Kaiser Heinrich II. (1002–1024) dem Basler Münster gestifteten goldenen Altartafel (heute in Paris, Musée National du Moyen Âge – Therme de Cluny) dar und versah sie mit folgender Inschrift: «Quis sicut Hel Fortis Medicus Soter Benedictus. Prospice terrigenas clemens mediator usias – Wer ist wie Gott, ein Starker, ein Arzt, ein gesegneter Retter? Sorge, gütiger Mittler, für die erdgeborenen Wesen.» Die erste Zeile des Doppelverses enthält verschlüsselt die Namen der Erzengel: «Quis sicut Hel = Wer ist wie Gott = Michael, Fortis = ein Starker = Gabriel, Medicus = ein Arzt = Raphael.» Den vierten Erzengel ersetzt der heilige Ordensgründer Benedikt, den Heinrich II. besonders verehrte. Heinrich kniet mit seiner Gemahlin Kunigunde zu Füßen Jesu Christi und bittet um den Beistand, den Christus den Sterblichen über die Engel gewährt. Die Erzengel sind hier demnach mit einem Beiwort charakterisiert. Michael fragt beim Aufstand der Engel: wer sagt, er sei wie Gott? Er tritt den Kampf gegen Luzifer, der das behauptet, an und wird in Zukunft auch allen Heeren, die im Zeichen des Christentums ausziehen, als siegreicher Kämpfer voraneilen. Er wird zum Inbegriff des Kampfes gegen das Böse, sei es im Diesseits oder im Jenseits. «Fortis», der Starke, ist Gabriel, der Verkünder und Überbringer des göttlichen Ratschlusses. Er bringt Maria die Botschaft von der jungfräulichen Geburt Jesu und nimmt dabei in der Kunst weibliche Gestalt an. Mit dem Lilienzweig als Szepter wird er zum Symbol der Parthenogenesis (Jungferngeburt). Raphael ist der Arzt und Heiler. Im biblischen Buch Tobias ist er der von Gott bestellte Reisegefährte des jungen Tobias. Dieser führt ihn zum Tigris, aus dem er den Fisch fängt, dessen Galle das Heilmittel für die Blindheit seines alten Vaters sein wird (Tob. 5,2–10; 11,1–15). Uriel hat verschiedene Aufgaben. Die Bedeutung seines Namens «Feuer Gottes» zeigt ihn als Wächter und Sühneengel in der Unterwelt. Im äthiopischen Henochbuch (Buch der Wächter 21,7–10) führt er den Seher Henoch vor das Gefängnis der bösen Engel, die hier «bis in Ewigkeit gefangen gehalten werden». Alle vier Erzengel sind Lichterscheinungen, bedeutet doch die Endung «El» ihres Namens in den alten Sprachen Strahlender, Leuchtender, leuchtendes Wesen.

In der byzantinischen und russischen Kunst verselbständigen sich Bilder mit Engeln zu Kultbildern, zu Ikonen. Einige ihrer «Urbilder» waren, so ist der Glaube, nicht von Menschenhand gemacht (Acheiropoietai), und so musste es das Ziel aller Künstler sein, ihre Form aufs höchste zu bewahren. Vor allem Ikonen, die Christus oder Maria darstellten, hatten diesen Anspruch, aber auch die Bilder des Erzengels Michael oder die Dreifaltigkeit. Die Ikonenmaler fanden für das Thema der göttlichen Trinität eine Formel, die sie aus der Begegnung Abrahams mit den drei Engeln (Gen. 18,1ff.) schöpften. Sie waren schon von den Kirchenvätern als Erscheinung der Trinität gedeutet worden. Die drei Engel werden mit den drei göttlichen Personen, dem Vater, dem Sohn und dem Heiligen Geist, identisch (vgl. Christos-Angelos, S. 55f.). Die berühmteste Drei-

◁ Der Erzengel Uriel führt den Knaben Johannes den Täufer zur Vorbereitung seiner Sendung in die Wüste, Temperagemälde von Andrea di Nero, Arezzo, um 1350, Bern, Kunstmuseum.

faltigkeits-Ikone ist von der Hand des Andrei Rubliow (um 1360/1370–1427/1430) gemalt (Moskau, Tretjakow-Galerie). Der zeitgenössische russische Maler Nikolai Kormaschow (geb. 1929) hat das Thema in seinem Bild *Konzeption I*, 1972 (Köln, Museum Ludwig) in gewisser Weise säkularisiert und zum Bildobjekt gemacht. Die alte Bedeutung einer Engel-Ikone trägt noch Nikolai Leskow (1831–1895) in seiner 1872 geschriebenen Novelle *Der versiegelte Engel* vor: «... das Bild des Engels aber flößte unendliche Freude ein. Sein Antlitz, ich sehe es wie heute, strahlte in göttlicher Verklärung und linderte sogleich jeden Schmerz.»

In der Antike wurden die Künstler von den Musen inspiriert. Sie waren Töchter des Zeus, die Inspiration kam demnach von höchster Stelle. Mittelalter und Neuzeit haben oft auf die alten Bilder zurückgegriffen und sie in ihre Zeit versetzt. Im christlichen Mittelalter führte dann dem Künstler, wenn er einen hehren Gegenstand schuf, anstelle der Muse ein Engel die Hand. Der Sankt Galler Chronist Ekkehart IV. (um 980 bis um 1060) wusste in seiner Klostergeschichte den Vorgang noch zu steigern. Er berichtet in seinen *Casus Sancti Galli* (Kap. 45) von einem Besuch des Künstlermönches Tuotilo (um 850 bis um 913) in Metz, wo er in eine goldene Tafel ein Marienbild ziseliert habe. Die Inschrift der Tafel verrate dem Betrachter, dass die heilige Maria die Urheberin dieses Geschenkes sei. Engel und Heilige erhöhen die Arbeit der Sterblichen. Der Engel ist auch das Inspirationssymbol des Evangelisten Matthäus, dem er in Menschengestalt das Geheimnis der Menschwerdung des Gottessohnes Jesus Christus anvertraut. Die Buchmaler haben das seine Flügel über dem schreibenden Autor ausbreitende Wesen im Abendland seit dem 6. Jahrhundert in den Evangelienbüchern dargestellt.

◁ Die Heilige Dreifaltigkeit, Ikone von Andrei Rubliow, um 1411, Moskau, Tretjakow-Galerie.

▲ Der Evangelist Matthäus mit dem Engel als Inspirationssymbol, Evangelienbuch aus Echternach, Echternach, um 1060–1070, London, British Library, Ms. Harley 2821, fol. 21 v.

▲ Die Himmelsleiter. Engelchöre begleiten die guten Verstorbenen beim Aufstieg über die Leiter zum Himmelstor; Teufel ziehen die Bösen in den Abgrund, Fresko an einer Außenwand der Kirche von Sucevitsa (Rumänien), um 1600.

Engel als Boten Gottes

Außer in den oben erwähnten visionären Schilderungen der Propheten Isaias und Ezechiel, in denen die Engelwesen an einer himmlischen Liturgie teilhaben, erhalten die Engel im Alten Testament viel einfachere Gestalt. Im Gegensatz zu den Cherubim und Seraphim haben sie dort nicht einmal Flügel. Jahwe schickt seine Engel in Gestalt von Männern auf die Erde. Abraham erhob bei der Eiche von Mamre «die Augen und siehe, da standen drei Männer vor ihm». (1 Mose 18,2). Manchmal scheint der Engel Jahwes Jahwe selbst zu sein, beispielsweise beim Opfer Abrahams, wo wir lesen: «Da rief der Engel Jahwes vom Himmel her ihm zu und sprach: ‹Abraham, Abraham!›» (1 Mose 22,11). So verwundert es nicht, wenn die frühesten Engelbilder, etwa in den Katakomben Roms, ungeflügelt sind. Im Cubiculum B der um die Mitte des 4. Jahrhunderts bemalten Katakombe an der Via Latina sind die Engel, die der Patriarch Jakob die Himmelsleiter auf- und niedergehen sieht, ungeflügelt (vgl. 1 Mose 28, 10). Sie sind gleichsam die Vorboten Jahwes, der am Ende der Leiter zu Jakob spricht (1 Mose 28,10-17).

Neben diesen klassischen Offenbarungen Jahwes durch Engel bringt die jüdische Literatur in den Henochbüchern oder den Apokalypsen etwa des Baruch Beschreibungen von Aufgaben der Engel verschiedenster Art. So führen Engel dem Adam die Tiere zu, damit er sie benenne. Eva wird von dem zum Teufel gewordenen Erzengel Satanael verführt (2 Henoch 31,6). Der Mensch erhält einen ihm von Gott erwählten Schutzengel (2 Henoch 19,4). Engel überwachen das Lebensende des Menschen, damit der Teufel sie nicht überwältige. Am Jüngsten Tag öffnen Engel die Gräber und bringen den Toten ihre Seelen zurück. Engel schreiben die Taten der Menschen in himmlische Bücher und bringen sie beim Gericht vor den Thron Gottes. J. Michl stellte die Beispiele 1962 im Reallexikon für Antike und Christentum vorbildlich zusammen, sein alphabetisch geordneter Katalog der Engel bringt von «Abbael» bis «Zizaubio» (Sternenengel) 269 Namen und Kurzbeschreibungen von Engeln. Im gleichen, von ihm selbst begründeten Reallexikon beschrieb Th. Klauser 149 Beispiele von Engeldarstellungen in der spätantik-frühchristlichen Kunst (3.-6. Jh.).

In der Vorstellung einiger alt- und neutestamentlicher Theologen, aber auch im Volksglauben wachsen das Gottesbild und das Engelsbild gleichsam zusammen. In seiner *Demonstratio evangelica* (Erklärungen zu den Evangelien IV, 4, 10 ff.) meint der griechische Kirchenvater Eusebius von Caesarea (265-339), der Christos-Logos (Christus als das Wort, vgl. Johannes 1,1 ff.) sei das älteste Engelwesen

▲ Lanfranco und Filippolo De Veris, Engel mit männlichen Gesichtszügen (Ausschnitt aus der Darstellung des Jüngsten Gerichts), 1400, Campione d'Italia, Santa Maria dei Ghirli.

◄ Die Schöpfung, innerer Kreis: 1. Schöpfungstag, Venedig, San Marco, Narthexmosaik um 1216-1220.

und von Gott an die Spitze der ganzen Schöpfung gestellt. Er ist für ihn das höchste Organon technikon Gottes und wird zum Zweck der geistigen Offenbarung Gottes Mensch. Auch der griechische Kirchenvater Gregor von Nazianz (329/30 bis 390/91) spricht in einer seiner Predigten vom Christos-Angelos. Ein byzantinischer Buchmaler des 12. Jahrhunderts malte das entsprechende Bild an den Rand auf fol.9v der Predigtensammlung Gregors in Cod. 339 des Katharinenklosters auf Sinai. Der Prophet Habakuk (vgl. Habakuk 3,3–15) und Gregor vermitteln ihm dieses Bild: Christus, der Engel des großen Ratschlusses, erscheint, von neun Engeln begleitet, in einer Gloriole. Christus, der Sohn Gottes, wird demnach als erster und höchster Engel verstanden. Das Bild wird im Abendland später eine erstaunliche Variante haben: das geflügelte Christkind.

Das Geschlecht der Engel

Im Lauf der Darstellungen der biblischen Schöpfung erhielten die Engel gewissermaßen Geschwister in Form von personifizierten Tageshoren (Tagesstunden), die Gott an jedem Schöpfungstag assistierten. Das zwischen 1216 und 1220 entstandene Kuppelmosaik im Narthex von San Marco in Venedig zeigt sie uns: am ersten Tag der Schöpfung ist es ein Mädchen, am zweiten sind es zwei, am dritten drei usw. Am sechsten Tag bei der prometheischen Erschaffung des Urmenschen sind es sechs in den gegürteten Peplos gekleidete Mädchen. Am siebenten Tag aber, als Gott ruhte und den siebenten Tag segnete (1 Mose 2,1), stehen keine Mädchen bei ihm, sondern Engel ziemlich sicher männlichen Geschlechts. Diese Bilder sprechen fast für die Austauschbarkeit der Geschlechter, wenn es um die Darstellung von Engeln geht. Im übrigen haben es

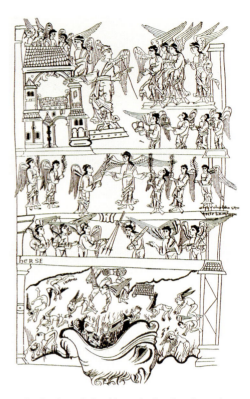 

▲ Der Engelsturz, Federzeichnung in einer Genesisparaphrase, Canterbury, um 1000, Oxford, Bodleian Library, Ms. Junius II, p. 3.

▲ Personifikationen der Winde, Horologium des Kyrrestes (Turm der Winde), 2. Jh. v. Chr., Athen, Plaka.

Der Engelsturz

In der Geschichte der Engel gewinnt der Engelsturz besondere Bedeutung, weil er die Welt gewissermaßen in zwei Hälften spaltet, in eine gute und eine schlechte oder in das Oben und Unten, in Himmel und Hölle. Eine Begründung zu diesem Vorgang findet sich schon in 1 Mose 6,1, wo wir lesen: «Als die Menschen anfingen, sich auf der Erde zu vermehren, und ihnen Töchter geboren wurden, sahen die Gottessöhne, dass die Menschentöchter zu ihnen passten, und sie nahmen sich Frauen aus allen, die ihnen gefielen.» Als Gott dieses sah, wollte er nicht, dass sein Geist im Menschen ewig lebe und begrenzte dessen Lebenszeit, ja, es reute ihn, «dass er die Menschen auf Erden gemacht hatte», und er schickte ihnen die Sintflut.

Der Engelsturz resultiert aus dem Dualismus von Gut und Böse. Berichte darüber sind wieder außerbiblisch (2 Henoch 29,4 f.). Luzifer, der strahlendste Engel, will seinen Thron über den Thron Gottes erheben und rebelliert so mit seinem Gefolge gegen den Schöpfer. Er wird vom Erzengel Michael in den Abgrund gestoßen. Das ist in der christlichen Überlieferung der springende Punkt zur Entwicklung der Höllenbilder. Luzifer, Satan, der gestürzte Engel wird Fürst der Hölle, die Gut und Böse der menschlichen Existenz zu ihren Gunsten zu gewinnen trachtet. Als die Jünger zu Christus sagten «Herr, auch die bösen Geister sind uns in deinem Namen untertan!», antwortete ihnen Jesus: «Ich sah den Satan wie einen Blitz vom Himmel stürzen.» (Lukas 10,17–18). In der Geheimen Offenbarung nimmt der böse Engel die Gestalt eines Drachens an, und es beginnt ein Kampf im Himmel gegen Michael und seine Engel. Sie stürzten den Drachen und seine Engel hinab auf die Erde (Apokalypse 12,7–9). Der Himmel triumphiert.

Der Urgrund des Engelsturzes ist jedoch ein altes, auch in der Bibel formuliertes Schöpfungsproblem, nämlich dass Gott die Engel und Menschen

die Künstler vor allem der Renaissancezeit verstanden, die Engel gewissermaßen geschlechtslos darzustellen oder zumindest so, dass sich Mann oder Frau je nach Neigung in sie verlieben konnte.

Bei der Identifikation der Engel kann demnach das Geschlecht männlich oder weiblich zum Problem werden. In der Spätantike und im Frühmittelalter haben uns die Künstler manchmal die Entscheidung dadurch abgenommen, dass sie die Engel bärtig wiedergaben. Auf einem mit Beinschnitzereien geschmückten Reliquienkästchen aus der Mitte des 8. Jahrhunderts in Essen-Werden entdecken wir einen bärtigen Engel. Die Vorstellung des männlichen Engels lebt auch später um 1400 in einem lombardischen Fresko weiter. In der Darstellung des Jüngsten Gerichts in Santa Maria dei Ghirli in Campione d'Italia ließen die Brüder Lanfranco und Filippolo De Veris einen glatzköpfigen Engel agieren. Diese Er-

scheinung lässt sich ihrerseits in die Antike zurückverfolgen. Auf der im 6. Jahrhundert entstandenen Elfenbeinkathedra Erzbischof Maximians von Ravenna (545–553) sieht man in der Josephsgeschichte einen bärtigen Engel als Überbringer des Traumes mit den sieben fetten und sieben mageren Kühen an den ägyptischen Pharao. Solche bärtigen und geflügelten Wesen zeigt auch das Horologium (Sonnenuhr) des Kyrrestes in Athen, entstanden im 2. Jahrhundert v. Chr. und als Turm der Winde bekannt. Je nach Eigenschaft wird der Wind dort bartlos (mild) oder bärtig (rauh) personifiziert. Wir sind mit diesen Vergleichen wieder in jene Frühzeit zurückgelangt, in der die Erscheinungen der Natur wie im Buch der Jubiläen als Flügelwesen, als Engel begriffen wurden. Die Winde sind Elemente des Schöpfergottes und werden so, wie Psalm 104, Vers 4 es sagt (zu deinen Boten bestellst du die Winde), zu Engeln.

nicht gottgleich, sondern nur gottähnlich schuf (1Mose 1,27). Nun gab es aber einen der Engel, der die Gottgleichheit erlangen wollte und andere Engel um sich sammelte, die ihm darin nachfolgten. Der Prophet Isaias bringt in seinem Spottlied auf den Tod eines Tyrannen das entscheidende astrologisch-kosmologische Bild ins Spiel: «Wie bist du vom Himmel gefallen, Glanzgestirn, Sohn der Morgenröte! Wie bist du zu Boden geschmettert, du, der alle Völker versklavte! Du plantest in deinem Herzen: ‹Zum Himmel will ich steigen, meinen Thron über Gottes Sterne setzen ...› Doch hinabgestürzt bist du in die Scheol, in die allertiefste Tiefe.» (Jesaja 14,12–15). Malcolm Godwin machte darauf aufmerksam, dass die Bibel dieses Bild aus dem Kananäischen entnommen hatte. Saher, die in der Höhle geborene Gottheit der Morgendämmerung, der Morgenstern Luzifer, versucht den Lichtthron der Sonne, die er ankündigt, zu erstürmen und wurde dafür aus dem Himmel verbannt. In der kananäischen Version der Isaias-Verse liest man: «Über die Polarsterne werde ich meinen Thron erheben und meinen Stuhl über die Sterne Gottes erhöhen ... Ich werde sein wie Elyon und gleich sein dem Allerhöchsten.»

In der altenglischen Literatur gibt es eine Genesis-Paraphrase, die den Engelsturz ganz ähnlich beschreibt. Sie wurde früher dem Dichter Caedmon (tätig um 657–680) zugeschrieben und ist in einer um 1000 in Canterbury geschriebenen illustrierten Handschrift (Oxford, Bodleian Library, Ms. Junius II) erhalten. Man erkennt auf der Zeichnung oben Luzifer, der seinen Thron über den Thron Gottes gesetzt hat, mit den Engeln, die ihm huldigen. Darunter verteilt Luzifer Pfauenfedern als Zeichen der Unsterblichkeit und des auflehnenden Stolzes an die Engel aus seinem Gefolge. In der dritten Zeile schmettert alsdann der mit dem Kreuznimbus ausgezeichnete Christos-Logos, umgeben von guten und stolzen Engeln mit und ohne Pfauenfedern, seine Pfeile in den Höllenrachen, in dem Satan gefesselt liegt und in dessen Tiefe die rebellierenden Engel stürzen. Von hier aus verästelt sich die Geschichte der gefallenen Engel in den Tiefen von Fegefeuer und Hölle fast unendlich. Der Engelsturz ging im hohen Mittelalter in die Weltgeschichtsschreibung ein. Der Pariser Dominikaner Vinzenz von Beauvais (1184/94–1264) schildert ihn in seinem *Speculum historiale* (Miroir historial – Geschichtsspiegel) in Zusammenhang mit der Schöpfungsgeschichte. Illustratoren seines Werkes haben ihn im 14. und 15. Jahrhundert eindrücklich dargestellt. Von hier aus fand das Thema auch Aufnahme in die Stundenbücher. Das eindrücklichste Beispiel findet sich in den *Très Riches Heures* des Duc de Berry (1340–1416), Ms. 65, im Musée Condé, Chantilly (vgl. Abb. S. 29). Die Miniatur steht dem Bußgebet gegenüber (Psalm 6), in dem König David Gott um Milde und Verzeihung bittet.

Der Satan als Versucher

Die gestürzten Engel mit Luzifer an ihrer Spitze vertreten zukünftig das Prinzip des Bösen in der Welt. Es wird im Buch Hiob in einer Person gesammelt, nämlich in Satan, der im Neuen Testament zum Inbegriff der Teufel wird. Im Buch Hiob ist Satan der Versucher. Der Mensch soll sich von Gott abwenden und Gott fluchen. Satan erhält von Jahwe die Erlaubnis, den frommen und gerechten Hiob zu versuchen. Die vier Hiobsbotschaften, Botschaften des Schreckens, bringen Hiob aus der Fassung, doch flucht er Gott nicht. Nun überzieht Satan seinen Leib mit dem Aussatz, Hiob liegt in Schmutz und Elend. Seine Frau meint, er soll Gott fluchen und alsdann sterben. Seine Freunde besuchen ihn und reden mit ihm über Gottes Weisheit und Gerechtigkeit. Auch Jahwe tritt zu ihm. Hiob sieht ihn und

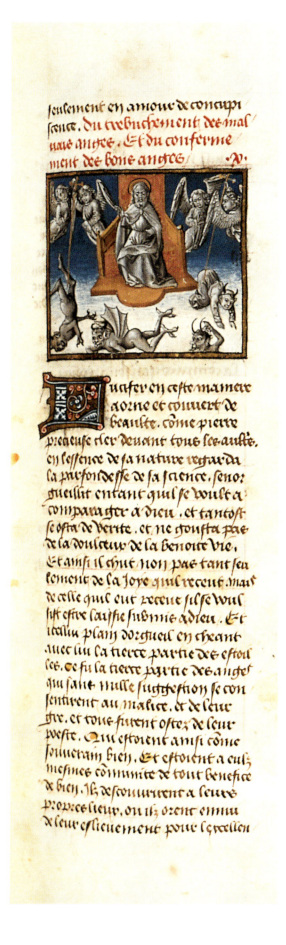

Der Engelsturz, Miniatur im Miroir historial des Vinzenz von Beauvais, Gent, um 1475, Los Angeles, J. Paul Getty Museum, Ludwig Ms. XIII 5, fol. 26 r.

erkennt. Gott erneuert sein Glück. Das Aussehen Satans steht schon in der ältesten bebilderten Quelle fest, im griechischen Hiob-Codex Nr. 171 des Johannesklosters auf Patmos. Dort sieht man ihn vor Gott als nackten, schwarzen und geflügelten Genius, ganz im Gegensatz zu den weiß gekleideten Engeln.

In dieser Gestalt kennen wir Satan auch aus den frühen abendländischen Illustrationen des Neuen Testamentes. Hier versucht er den Gottessohn Jesus Christus mit drei verschiedenen Wünschen (Matthäus 4,1–11; Lukas 4,1–13): Aus Steinen mache er Brot, von den Zinnen des Tempels in Jerusalem stürze er sich hinab und auf dem hohen Berg werfe er sich angesichts der Reiche dieser Welt, deren Herrscher er würde, vor Satan anbetend nieder. Der Sohn Gottes widerstand dem Satan «und siehe, Engel traten hinzu und dienten ihm». Eine der eindrucksvollsten Darstellungen der Versuchungen Jesu findet sich in dem um 800 wahrscheinlich auf der irischen Insel Iona entstandenen Book of Kells. Sie zeigt die Versuchung auf den Zinnen des Tempels. Er hat dort die Form eines Reliquienschreins. Über ihm erscheint die Halbfigur Christi, die den Satan abwehrt. Dieser ist wieder ein nackter, schwarzer und geflügelter Genius. Über Christus erscheinen die Engel, die ihn auf Händen tragen werden, damit sein Fuß nicht an einen Stein stoße (Abb. S. 58). Die gleiche Essenz ist im Prinzip noch ein halbes Jahrtausend in Duccios Darstellung der gleichen Szene zu erkennen, wenngleich der Künstler im ersten Jahrzehnt des 14. Jahrhunderts und damit an der Schwelle zur Neuzeit mit ganz anderen gestalterischen Möglichkeiten operiert. Auch hier

◁ Der Satan versucht Christus auf den Zinnen des Tempels von Jerusalem, Book of Kells, Iona, um 800, Dublin, Trinity College, Ms. 58 (A. I. 6), fol. 202 v.

▷ Versuchung Jesu durch den Satan, Triumph über die Mächte der Finsternis, Stuttgarter Psalter, Paris, Saint-Germain-des-Prés, um 820, Stuttgart, Württembergische Landesbibliothek, Bibl. Fol. 23, fol. 107 v.

Geschichte der Engel bis zum hohen Mittelalter

▲ Fesselung und Entfesselung des Bösen durch Engel und Teufel, Bamberger Apokalypse, Reichenau, 1. Viertel 11. Jh., Bamberg, Staatsbibliothek, Msc. Bibl. 140, fol. 51 r.

▲ Der Engel zeigt Johannes das Himmlische Jerusalem, Bamberger Apokalypse, Reichenau, 1. Viertel 11. Jh., Bamberg, Staatsbibliothek, Msc. Bibl. 140, fol. 53 r.

▶ Das Jüngste Gericht, Bamberger Apokalypse, Reichenau, 1. Viertel 11. Jh., Bamberg, Staatsbibliothek, Msc. Bibl. 140, fol. 53 r.

Das Gericht

Die Apokalypse (Geheime Offenbarung) erzählt von den Kämpfen des Guten und Bösen, die fast endlos blieben, wäre nicht das Jüngste Gericht, das Gut und Böse endgültig scheidet. Die auf der Insel Reichenau nach dem Jahr 1000 entstandene Bamberger Apokalypse, Cod. 140 der Staatsbibliothek Bamberg, zeigt dazu sehr eindrückliche Bilder. Fol. 51r bringt die Bindung und das Entfesseln des Drachens, des alles verschlingenden Bösen. Der Visionär sieht «einen Engel vom Himmel herabkommen, der hatte den Schlüssel des Abgrundes und eine große Kette in seiner Hand. Er packte den Drachen, die alte Schlange – das ist der Teufel oder Satan –, fesselte ihn für tausend Jahre.» (Apokalypse 20,1–2). In der unteren Zone wird Satan durch einen Genius der Nacht wieder befreit (Abb. links außen).

Das Jüngste Gericht wird sie scheiden und endgültig trennen, die Guten und die Bösen. Hier haben die Engel, wie auch im Jüngsten Gericht der Bamberger Apokalypse zu sehen ist, die Aufgabe, das Spectaculum mit Posaunenschall zu eröffnen und die Toten zu erwecken, die nun nach ihren Werken gerichtet werden sollen. Die großen Engel unter dem Thron Gottes verkünden mit Spruchbändern das Urteil. «Kommt ihr Gesegneten meines Vaters» – und – «Hinweg von mir, Verfluchte, in das ewige Feuer, das dem Teufel und seinen Engeln bereitet ist.» (Matthäus 25,34; 25,41). Danach wird Friede sein, das Himmlische Jerusalem wird sich auf die neu geschaffene Erde herabsenken. Noch einmal ist es in der Bamberger Apokalypse der Engel des Herrn, der den Seher Johannes bei der Hand nimmt, um ihm die Stadt zu zeigen. Er hat einen Mess-Stab in der Rechten und wird ihm die Dimensionen der Himmlischen Stadt erschließen. Noch einmal vermittelt der Bote des Herrn dem Menschen die Geheimnisse Gottes und führt ihn über das Zeitliche hinweg dem Zukünftigen entgegen.

wird Christus von den beiden im Evangelium erwähnten schützenden Engeln begleitet, die dafür sorgen, dass ihm vom schwarzen verführenden Gauklerteufel kein Schaden zustoße.

Der Triumph über das Böse

Der Satan scheitert mit seinen Versuchungen. Die Gottheit ist unantastbar und steht über dem Bösen. Die Evangelisten Matthäus und Lukas zitieren bei ihren Versuchungsberichten den 90. Psalm, aus dem sie dem Satan bei der Versuchung auf den Tempelzinnen Verse in den Mund legen: «Seinen Engeln wird er dich anbefehlen, und sie werden dich auf Händen tragen, damit du deinen Fuß an keinen Stein stoßest.» (Matthäus 4,6; Lukas 4,10; aus Psalm 90 [91], 11–12). Zu Vers 13 sagt Psalm 90 (91) alsdann «Du wirst gehen über Löwen und Schlangen, wirst niedertreten junge Löwen und Drachen.» In der Psalterillustration des 9. Jahrhunderts wurde dieses Thema als Triumph des Guten über das Böse dargestellt. Der von Jahwe behütete ist Christus, er zertritt als Krieger die Macht des Bösen im allegorischen Bild der Tiere. Der in Saint-Germain-des-Prés (Paris) um 820 entstandene Stuttgarter Psalter zeigt das Geschehen in zwei Bildern. Oben führt der Teufel Christus auf einen hohen Berg und zeigt ihm alle Reiche der Welt, aber Christus kniet nicht vor ihm nieder, und der Satan weicht. Engel kommen hinzu, um ihm zu dienen. Unten zertritt er als Feldherr den Löwen und den Drachen als die Mächte der Finsternis. Ein Engel eilt herbei und wird ihn, wie der Psalm sagt, auf Händen tragen, damit sein Fuß nicht an einen Stein stoße. Auch hier sind Engel und Teufel geflügelte Wesen, die Mächte der Finsternis nackt und schwarz, die Boten des Lichtes aber weiß gekleidet (Abb. S. 59).

Giustino del fu Gherardino da Forlì, um 1360, Bildinitiale P (Ausschnitt) mit der Geburt Christi, Österreich, Privatsammlung.

Einen Engel erkennt man

immer erst, wenn

er vorübergegangen ist.

Martin Buber
(1878–1965)

Engel in Spätmittelalter und Neuzeit

Engel in der Geschichtsschreibung

Mittelalterliche Werke der Weltgeschichtsschreibung beginnen mit der biblischen Schöpfungsgeschichte. In sie wird auch die Geschichte der Engel verflochten: ihre Erschaffung, der Sturz Luzifers und die himmlischen Hierarchien. Das wohl berühmteste Geschichtswerk des Mittelalters, das *Speculum historiale* (Geschichtsspiegel) des Dominikaners Vinzenz von Beauvais (1184/94–1264) enthält in den ersten sechzig Kapiteln auch die Erschaffung der Engel und ihr Wirken bis zur Vertreibung der Stammeltern aus dem Paradies. In der französischen Übersetzung des Jean de Vignay (1282/85 bis um 1348) fand das *Speculum* (Spiegel) unter dem Titel *Miroir historial* außergewöhnliche Verbreitung. Noch zur Zeit des Buchdrucks wurden in den niederländischen, damals burgundischen Städten Gent und Brügge monumentale handgeschriebene Folianten des *Miroir historial* hergestellt, die kostbar illuminiert und durchgehend bebildert waren. Eines dieser Exemplare befindet sich heute im J. Paul Getty Museum, Los Angeles (California), als Ludwig Ms. XIII 5. Es enthält Bilder zur Erschaffung der Engel und der vier Elemente (Kap. 9), zum Sturz Luzifers (Kap. 10), zu den himmlischen Hierarchien (Kap. 11), zum Sechstagewerk, bei dem Gottvater von sechs Engeln angebetet wird (Kap. 17) und zum Paradies, über das der Engel mit seinem Schwert die Flammen ausbreitet (Kap. 63). Damit waren die Engel im Weltbild und Wissen der mittelalterlichen Gebildeten fest verankert. Sie gehörten zum Schöpfungsplan der Welt.

▶ Gottvater mit den himmlischen Hierarchien, Miroir historial des Vinzenz von Beauvais, Gent, um 1475, Los Angeles, J. Paul Getty Museum, Ludwig Ms. XIII 5, fol. 27 r.

Die himmlische und die irdische Liturgie

Theologen und Künstler sahen die Engel im Zusammenhang mit der Liturgie (Gottesdienst), die sich im Himmel wie auf Erden vollzog. Die Kirche war für sie ein Abbild des Himmels. Also statteten sie die Engel mit den kirchlichen Ämtern aus und ließen sie als Amtsinhaber an der Liturgie teilnehmen. Engel wurden *Ostiarier* (Türhüter der Kirchen), *Exorzisten* (Teufels- und Dämonenaustreiber vor der Taufe), *Lektoren* (Vorleser der Epistel während der Messe, Unterweiser und Lehrer), *Akoluthen* (Leuchterträger bei Messe und Prozessionen), *Subdiakone* und *Diakone* (Ministranten des Priesters bei Messe und Sakramentenspendung). Hierbei wurden einige Themen fast zu Genrebildchen, etwa wenn in einem um 1460 entstandenen Pariser Stundenbuch (Genf, Com. Lat. Ms. 11, fol. 27 v) ein Engel das Jesuskind das Gehen lehrt, oder wenn die Engel vor dem Thron der Jungfrau Maria ihre Instrumente aufspielen und das Jesuskind in die Saiten der Laute greifen lassen.

Ein weites Feld künstlerischer Entwicklung boten die Stundenbücher (private Gebetbücher für die täglichen Gebete), deren Bildschmuck seit dem 14. Jahrhundert zuerst in Frankreich und den Niederlanden, dann in ganz Europa die besten Künstler in Anspruch nahm. Die Theologen verteilten die Gebete nach dem Brauch der mönchischen Nacht- und Tagesgebetsstunden auf die Stunden des Tages und auf die Tage der Woche: Sonntag – zur Heiligen Dreifaltigkeit, Montag – für die Verstorbenen, Dienstag – zum Heiligen Geist, Mittwoch – zu Allen Heiligen, Donnerstag – zum Heiligen Altarssakrament, Freitag – zum Heiligen Kreuz Christi (Kreuzestod), Samstag – zur Jungfrau Maria. Darüber hinaus gab es besondere Offizien (Mess- und Gebetstexte) zu bestimmten Heiligen oder zu den Engeln. So findet sich in dem zu Beginn des 15. Jahrhunderts entstandenen Pariser Teil der *Belles Heures* des Duc de Berry (1340–1416) (Paris, Bibl. Nat. de France, nouv. acq. lat. 3093, p. 240) ein Gebet an die Engelchöre, das lautet: «Alle Ordnungen der seligen Geister mögen mich zum Guten berufen und in allen Gefahren beschützen.» Die Miniatur zeigt, wie sich den Betenden der Himmel öffnet, in dem Gottvater über den Cherubim und Seraphim thront. Im Bas-de-page sieht man die Wüstenväter Hieronymus, Antonius und Paulus. Im Fleuronnée des Rahmens schweben Cherube und Seraphe. Auch die einzelnen Heiligen geltenden Gebete und Offizien der Stundenbücher bringen eine Fülle von Darstellungen, in denen Engel zugegen sind. Reizvoll ist das Bild der heiligen Maria Magdalena in einem neapolitanischen Stundenbuch aus der zwei-

▲ Maria Magdalena wird von Engeln zum Himmel getragen, Tafelbild, Süddeutschland, Meister des Friedrich-Altars, 2. Hälfte 15. Jh., Kreuzlingen, Sammlung Kisters.

▲ Maria und die Engel beten nach dem Stundenbuch, Stundenbuch, Tours, Jean Poyet, um 1500, Genf, Com. Lat. (Bibl. univ. et publ.), Ms.124, fol. 174 r.

▲ Das Gebet an die Engelchöre, *Belles Heures* des Duc de Berry, Paris, um 1405, Paris, Bibliothèque Nationale de France, Ms. nouv. acq. lat. 3093. p. 240.

▶ Ein Engel lehrt das Jesuskind das Gehen, Stundenbuch, Paris, um 1460, Meister des Jean Rolin, Genf, Com. Lat. (Bibl. univ. et publ.), Ms. 11, fol. 27 v.

Hälfte des 15. Jahrhunderts (Genf, Com. Lat. Ms.198, fol. 220 v). Der von Kinderengelchen zum Himmel getragenen Büßerin Maria Magdalena ließ Gott ein wallendes Gewand aus Haaren wachsen. Das Motiv fand, wie die aus der Mitte des 15. Jahrhunderts stammende Tafel aus der Sammlung Kisters in Kreuzlingen zeigt, auch Aufnahme in die Tafelmalerei. Hier wuchs der Büßerin das härene Kleid der «Wilden Leute» (außerhalb der Zivilisation lebende Menschen) und Büßer in der Wüste (Johannes der Täufer) (Abb. S. 50).

Die Stundenbücher geben der Verehrung der Jungfrau Maria einen besonderen Rang und verbinden damit bildlich das Leben Jesu von der Verkündigung an Maria, der Heimsuchung, Geburt Jesu, Verkündigung an die Hirten, Flucht nach Ägypten bis zur Krönung Marias im Himmel. In allen diesen Bildern finden die Engel die ihnen von Gott zugewiesenen Aufgaben, die sie manchmal geradezu spielerisch erfüllen (vgl. das um 1430 entstandene niederländische Stundenbuch, Genf, Com. Lat. Ms. 4, fol. 102 v). Für die adeligen und bürgerlichen Damen, die zur Verlobung oder Hochzeit kostbar ausgestattete Stundenbücher erhielten, war Maria das nachzuahmende Vorbild. In einem von Jean Poyet in Tours um 1500 ausgestatteten Stundenbuch (Genf, Com. Lat. Ms. 124, fol. 174 r) liest Maria, umstanden von Engeln, betend in ihrem Stundenbuch.

Den Schluss bestreiten in den Stundenbüchern zumeist die Bußpsalmen und das Totenoffizium. Sie gaben Gelegenheit zur Gestaltung von Gericht, Rettung und Verdammnis der Seelen. Hier gibt es viele bildliche Sonderformen und Bildtypen, die zu selbständigen Andachtsbildern wurden. Da erscheint der göttliche Richter, seine fünf Wunden vorweisend, auf dem Thron mit ausgebreiteten Händen. Engel bringen seine Leidenswerkzeuge (Kreuz, Lanze, Geißel, Nägel) herbei. Es sind die Zeichen, in denen er die Menschheit erlöst hat und sie nun richten wird (vgl. Genf, Com. Lat. Ms. 97, fol. 155 v: Stundenbuch, Avignon, um 1430). Ein vergleichbares Phänomen bildet die Engelpietà, ein Bildtypus, in dem die Engel den mit den Wunden gezeichneten Leichnam Jesu Christi beklagen. Der Schmerzensmann wird von Engeln betrauert. Das Thema wurde in Italien, Frankreich, den Niederlanden, Deutschland und Böhmen auch auf Tafelbildern von den besten Malern gestaltet. In den Stundenbüchern findet es bei Darstellungen zum Heilig-Geist-Offizium eine Parallele: Der Leichnam Jesu wird von Gottvater und dem Heiligen Geist betrauert. In den *Belles Heures* des Duc de Berry (1340–1416) (Paris, Bibl. Nat. de France, nouv. acq. lat. 3093, p. 155) erscheint das Bild über dem Beginn der Gebete zur Passion Christi.

Zwei Engel weisen den gegeißelten und mit der Dornenkrone gekrönten Leib Christi vor, die Leidenswerkzeuge erinnern im Hintergrund an die vorangegangene Passion. Im Bas-de-page ist der Höllenabstieg Christi mit der Befreiung von Adam und Eva dargestellt.

Die Musik der Engel

In der menschlichen Vorstellungskraft entstehen im Himmel und auf Erden die gleichen Bilder. Manchmal werden das Jenseitige und Zukünftige durch Seher, durch die Gabe der Offenbarung und Enthüllung von Geheimnissen, die außerhalb der Diesseitserfahrung zu liegen scheinen, in Sprache und Kunst formuliert, doch sind die Formen meistens diesseitig, menschlich. Eine Ausnahme macht hier fast die Musik. In der Abstraktion ihrer Tonsetzung bewegt sie sich außerhalb des Visuellen und steht so dem nahe, was wir unter Seligkeit empfinden oder unter Ewigkeit zu verstehen glauben. Die Griechen und Römer zählten zu ihren höchsten Glücksgefühlen das Erleben der Harmonia, die ihrerseits im Erleben der Sphärenmusik gipfelte. Um sie zu hören, muß sich der Erdgebundene zu den Sphären des Himmels erheben. Das aber konnte er nur im Traum. Marcus Tullius Cicero (106–43 v. Chr.) schilderte im 6. Buch seines Werkes *Über den Staat* (De re publica) das *Somnium Scipionis*, den Traum des Scipio Africanus. Er wird in die Sphären des Universums versetzt und sieht nun den Tempel Gottes. Es kreisen die Planeten sowie Sonne und Mond in ihren Bahnen um die mittlere Erde und erzeugen dadurch, je nach ihrem Abstand zueinander, hohe und tiefe Töne – die Sphärenmusik. Cicero sagt: «Dies haben gelehrte Männer auf Saiten und im Gesang nachgeahmt und sich damit den Rückweg an diesen Ort (in den Himmel) frei-

◂ Musizierende Engel, Ausschnitt aus dem Weihnachtsbild des Isenheimer Altares 1513–1515, Matthias Grünewald (um 1480–1528), Colmar, Musée Unterlinden.

gemacht, so wie andere, die mit ihren hervorragenden geistigen Veranlagungen in ihrem menschlichen Leben göttlichen Bestrebungen sich hingegeben haben.» (Cicero, *De re publica*, VI, 18).

Engelchöre

Die Sphärenmusik umklang auch im christlichen Kosmos den Thron Gottes, und wenn die Knabenstimmen im *Sanctus* der Messe Gott dreimal heilig priesen, so widerhallte es im Himmel durch die Chöre der Cherubim und Seraphim und der Engelscharen. Dichter und Künstler statteten die Engel zudem mit allen irdischen Instrumenten aus. Sie fanden nun an Kathedralen und Kirchenmauern, in Fresken und Skulpturen, auf Geräten und Gewändern Gestalt. Stets sind sie Teilnehmer an einer himmlischen Liturgie, die im Programm großer Kathedralen ihr irdisches Abbild hat. Hubert und

▴ Fliegender Amor mit Panflöte, Rötelzeichnung von Raffaello Santi, genannt Raffael (1483–1520), Paris, Louvre.

◂ Die heilige Cäcilia musiziert mit den Engeln, Ausschnitt aus dem Genter Altar, Hubert und Jan van Eyck, Gent 1432, Gent, Sankt-Bavo-Kirche.

Jan van Eyck malten die Musik in ihrem 1432 vollendeten weltberühmten Genter Altar zwischen Menschheit und Gottheit, zwischen Adam und Eva und dem göttlichen Richter, der mit Maria und Johannes die obere Bildmitte einnimmt. Hier wird der Gesang der Engel zur Rechten Gottes von der Instrumentalmusik der Engel zu seiner Linken begleitet. Als liturgische Gewandung tragen sie alle das Pluviale, den auf der Brust gefibelten Chormantel. Engel verrichten auch im unteren Teil des Altares ihren Dienst bei der Anbetung des Lammes (Apok. Kap. 21). Sie scharen sich als Erste adorierend um das Lamm im himmlischen Jerusalem, in dem der Brunnen des ewigen Lebens fließt.

Der erste Auftritt der Engel im Leben des neugeborenen Gottessohnes war die Frohbotschaft an die Hirten mit dem «Gloria in excelsis Deo et in terra pax hominibus» (Ehre sei Gott in der Höhe

Engel in Spätmittelalter und Neuzeit

▲ Madonna del Baldacchino (Ausschnitt), Öl auf Holz, von Raffaello Santi, genannt Raffael (1483–1520), 1507, Florenz, Galleria Palatina.

◀ Die große Madonna von Einsiedeln. Die Heilige Dreifaltigkeit in Begleitung der Engel weiht die Marienkapelle der Kirche von Einsiedeln, Kupferstich des Meisters E. S., Straßburg, 1466.

und Friede den Menschen auf Erden – Lk. 2,14). Über das Thema dachte auch Matthias Grünewald (um 1480–1528) nach, als er zwischen 1513 und 1515 den Isenheimer Altar, heute im Museum Unterlinden, Colmar, schuf. Das Thema der Geburt Christi konzentrierte er auf die Liebkosung des Kindes durch seine Mutter Maria, auf die Gottvater aus dem goldenen Himmel einen Engelregen herniederschickt. In der linken Bildhälfte transponierte Grünewald das «et in terra pax» in ein Engelkonzert eigener Art. Eine vom Lichtschein umgebene, gekrönte Frau, nämlich die Kirche, betet kniend das Kind an. Die Instrumental- und Vokalmusik der Engel vertont ihr Gebet, die am Baldachin skulptierten alttestamentlichen Gestalten haben das Wunder vorausgesagt. Da fällt links etwas im Hintergrund ein die Viola da gamba spielender Engel wegen seiner Schönheit, die nur noch glüht, besonders auf. Er ist behaart und gefiedert und trägt auf dem Scheitel einen Kamm aus Pfauenfedern. Es ist Luzifer, der schönste aller Engel, der vor dem Sturz an sein Gefolge die Pfauenfedern als Insignien des Stolzes und der Unvergänglichkeit verteilte (vgl. Abb. S. 66). Nach Adams und Evas Sündenfall hatte er das Anrecht auf jeden Neugeborenen der gefallenen Menschheit. So feiert er mit seiner Musik die Geburt des Menschensohnes mit. Aber er wird von Gott getäuscht, denn der Neugeborene ist nicht nur menschlicher, sondern auch göttlicher Natur (Interpretation von Ruth Mellinkoff 1988) und wird die Menschheit durch den Kreuzestod und die Auferstehung erlösen.

Die Engelweihe der Kirchen

Von vielen Kirchen sagt die Legende, sie seien nicht von Menschenhand, sondern von Gott, seinen Heiligen und seinen Engeln geweiht. So werden im Wort Engelweihe die Engel zum Instrument des «Deus ex machina», der schon im antiken Theater die Probleme entschied. Ein berühmtes Beispiel ist die Stiftskirche von Einsiedeln mit ihrer Marienkapelle. Seit dem 12. Jahrhundert sagt die Legende, der heilige Konrad, Bischof von Konstanz († 975), sei im Jahr 948 zur Weihe der Klosterkirche nach Einsiedeln gekommen und habe in der Nacht davor im Heiligtum gebetet. Da habe er gesehen, wie Christus und sein himmlischer Hofstaat die Kapelle der Jungfrau Maria selbst geweiht hätten. An diese Weihe erinnern die um 1725 entstandenen Deckenfresken von Cosmas Damian Asam (1686–1739) im Oktogon der Einsiedler Stiftskirche. Christus und Maria mit

▶ Die Auferstehung Christi mit dem Engel am Grab, Altargemälde von Rembrandt van Rijn (1606–1669), Amsterdam, 1639, München, Alte Pinakothek.

Deckenfresko der Camera degli sposi (Ausschnitt), von Andrea Mantegna (1431–1506), 1474, Mantua, Palazzo Ducale.

Die Geburt der Venus, Öl auf Leinwand von Alexandre Cabanel (1823–1889), 1863, Paris, Musée d'Orsay.

dem himmlischen Hofstaat kommen vom Himmel herab, um die Kirche zu weihen. Die Westwand zeigt Maria als Himmelskönigin im Strahlenkranz, umgeben von einem Kreis kleiner nackter Engel und getragen von großen Engeln in der Wolke. Die Evangelisten Markus und Lukas sowie der Ordensgründer Benedikt begleiten sie. Seit dem 15. Jahrhundert sprechen Holzschnitte und Miniaturen von der Einsiedler Engelweihe und dokumentieren zugleich die Engel in den verschiedenen Epochen. Der Stich des Meisters E. S. von 1466 zeigt noch das Himmelsbild mit der Trinität und den singenden und musizierenden Engeln sowie den Engeln als Ministranten. Spätbarock und Rokoko haben daraus ein irdisch-himmlisches Theater gemacht, in dem unzählige Engel verschiedenster Arten das Geschehen beleben. Dabei fallen die in der Barockzeit mit dem italienischen Wort Putti (Putto – Putte) bezeichneten Kinderengel besonders auf. Sie sind zwar keine Schöpfung des Barockzeitalters –, man findet sie in Literatur und Kunst seit dem 13. Jahrhundert –, doch gab ihnen diese Zeit, gewissermaßen auf dem Rückweg zu den Eroten der Antike, einen besonderen Beigeschmack.

Reformation und Gegenreformation

Man möchte meinen, die Reformation habe die Engel verscheucht, denn Lutheraner, Calvinisten und Zwinglianer lehnten den Engelkult unter Zitat des Kolosserbriefes – «Niemand soll den Richter gegen euch spielen, der sich in Selbsterniedrigung und Kult von Engeln gefällt» (Kol. 2,18) – ab. Doch hielt vor allem Martin Luther (1483–1546) an einigen Engelbildern wie dem Engel des Seelengeleites und dem Schutzengel fest. In seiner letzten Schrift *Wider das Papsttum zu Rom, vom Teufel gestiftet* fehlt auch der Teufel nicht. Karl-August Wirth trug im Reallexikon zur deutschen Kunstgeschichte 1967 eine breite Skala von Engeldarstellungen in der protestantischen Kunst zusammen. Abendmahls- und Taufengel nehmen hier die erste Stelle ein, überhaupt wird jeder Gläubige beim Gottesdienst von einem Engel begleitet, der sein Vorbild im Beten und in der Liebe zu Gott ist. Die interessantesten Engelerscheinungen gestaltete ohne Zweifel der große niederländische Maler Rembrandt van Rijn (1606–1669) in seinen Bildern mit biblischen Motiven. Im 1626 entstandenen Frühwerk *Der Prophet Bileam und seine Eselin* (vgl. 4 Mos., 22) lässt er den Engel des Herrn das Schwert gegen den auf die gestürzte Eselin einschlagenden Propheten schwingen. Der Engel hat hier noch mächtige Flügel und eine greifbare Gestalt. Im Grabesengel der Auferstehung von 1639 in der Münchner Alten

Pinakothek wird der Engel zur Lichtgestalt, deren Umrisse sich aufzulösen beginnen.

Die mit dem Konzil von Trient (1545–1563) einsetzende Gegenreformation der katholischen Kirche gab den Vorstellungen über Engel einen neuen Spielraum, der im Barockzeitalter zum Illusionsraum eines «Spectaculum sacrum» wurde. Engel waren die idealen Überwinder der Kluft zwischen Realität und Illusion, zwischen dem greifbaren Diesseits und dem nur vorstellbaren Jenseits. In der Kunst wurden die Engel hierbei zu Statisten, ja zu Requisiten. Geflügelte Engelköpfchen, kleine pralle Putti und schöne schlanke Jünglinge ohne Geschlecht hatten im Szenarium mit Musikinstrumenten, Pfeilen und flammenden Herzen ihre der künstlerischen Intuition überlassenen Plätze, und da sie allesamt geflügelt waren, musste keiner das Risiko eingehen, von den Gesimsen zu fallen, auf denen sie manchmal wie Vögel nisten. In diesem heiligen Theater, das die Künstler in Kuppeln und Gewölben der großen Kirchen projizierten und deren Akte sich über das Alte und Neue Testament einschließlich der Apokalypse spannten, hatten die Engel stets bedeutende Rollen. Die alttestamentlichen Heilsbeispiele wie das Opfer Abrahams oder die Erzengel Raphael und Tobias, aber auch Gabriel, der Engel der Verkündigung an Maria, wurden überall zitiert und auch für die private Frömmigkeit auf Leinwand gemalt. An die Spitze der Engel rückte der Erzengel Michael, der Überwinder des Bösen schlechthin. Die Verehrung der Engel gipfelte in dem von Papst Klemens X. (1670–1676) im Jahr 1670 proklamierten Schutzengelfest (1. Sonntag im September bzw. 2. Oktober). Nun konnten die Kirchen den heiligen Schutzengeln geweiht werden. Das Programm beispielsweise der 1717 ausgestatteten Jesuitenkirche zu den heiligen Schutzengeln in Eichstätt enthält ein Engel-Programm mit 24 Bildern, die die Engel im Dienste der göttlichen Führung, Errettung, Offenbarung und himmlischen Verherrlichung schildern.

Ekstasis und Transverberatio

Im Verhältnis Engel – Mensch gibt es faszinierende Grenzphänomene, die ins Übernatürliche reichen. Ekstasis – Ekstase bedeutet Außersichgeraten, Verzückung, Transverberatio ist das Durchstechen, Durchbohren. Als Beispiel für beides ist die 1224 erfolgte Stigmatisation des heiligen Franz von Assisi (1181/1182–1226) zu erwähnen, bei der der Heilige die fünf Wundmale Jesu Christi empfing. Giotto di Bondone (um 1266–1337) malte das Wunder in Santa Croce zu Florenz. Er zeigt den Heiligen in einer Felsenlandschaft vor einer

◁ Die Transverberatio der heiligen Theresia von Avila, Marmorskulptur von Giovanni Lorenzo Bernini (1598–1680), 1646–1652, Rom, Santa Maria della Vittoria.

▷ Die Stigmatisation des heiligen Franz von Assisi durch den Christos-Angelos am Kreuz, Fresko von Giotto di Bondone (um 1266–1337), um 1318. Florenz, Santa Croce.

Kapelle, mit ausgebreiteten Armen. Über ihm schwebt der an das Kreuz geschlagene Christus, von dessen Wundmalen Strahlen ausgehen, die die Wunden auf Franziskus übertragen. Der springende Punkt liegt darin, dass der Gekreuzigte zum Seraph mit sechs Flügeln gewandelt ist. Das aus der byzantinischen Kunst bekannte Motiv des Christos-Angelos (vgl. S. 55) nimmt hier demnach erneut Form an. Wieder ist der Engel das Zwischenglied zwischen Gott und Mensch. Gott vermittelt sich in Engelform.

Die heilige Theresia von Avila (1515–1582) befasste sich in ihren Schriften mit dem Stufenweg der Seele zur Vollkommenheit, zur «Unio mystica» (mystische Vereinigung) mit Gott. Am 15. August 1539 fiel sie für vier Tage ins Koma. Danach berichtet sie in ihrer Autobiographie *(El libro de sua vida)*, dass ihr ein Engel mit einem goldenen Pfeil erschienen sei, an dessen Spitze sie Feuer sah. Er habe einige Male ihr Herz durchbohrt und so in ihr die Gottesliebe entzündet. Der dabei empfundene Schmerz trieb sie zu Seufzern, aber die Süße dieser Qual, die sie nie verlieren möchte, habe zur liebenden Vereinigung ihrer Seele mit Gott geführt. Giovanni Lorenzo Bernini (1598–1680) meißelte das Geschehen für die Kirche Santa Maria della Vittoria, Rom, zwischen 1646 und 1652 in weißem Marmor. Er enthob die Heilige in die Wolken, der Engel mit dem goldenen Pfeil vermittelt ihr das «Pathos», den Zustand leidender Liebe.

Engel überleben in Absolutismus, Aufklärung und Revolution

Der größte Feind der Engel war der Rationalismus, der Triumph der Vernunft, die in Ablehnung von unten und oben, auch nur das Hier und Jetzt, das Greifbare, Erlebbare, physisch und geistig Nachweisbare zulässt. Der Absolutismus ist davon geprägt, die Aufklärung davon durchdrungen. Die Französische Revolution (1789–1799) ließ im Zeichen der Freiheit, Gleichheit und Brüderlichkeit nicht nur ihre lebenden Gegner, sondern auch die in Stein gemeißelten Könige und Heiligen der Kathedralen enthaupten. Schon das absolutistische Zeitalter eines Ludwig XIV. von Frankreich (1643–1715) verstand es, die Engel zu allegorisieren, das heißt sie ihres himmlischen Auftrages zu entledigen und sie in die weltliche Glorie einzuspannen. Als Beispiel dafür sei das Verherrlichungsbild des Prinzen Armand de Bourbon (1629–1666) genannt, dem ein gewisser Victor Meliand seine Dissertation *Conclusiones ex philosophia universa* («Rückschlüsse aus der gesamten Philosophie») widmete. Das Werk wurde 1647 von Nicolas Jarry und Nicolas Robert

Engel in Spätmittelalter und Neuzeit 73

in Paris geschrieben und illuminiert und nach Kupferstichen von Pierre Daret gedruckt. Das Verherrlichungsbild auf fol. 3 v zeigt den Prinzen Bourbon im Lorbeerkranz, von drei Putten getragen. Sechs weitere Putti schweben mit seinen Emblemen im Bild: drei Lilien, Hut des Erzbischofs, Wappen und Krone Frankreichs sowie der Granatapfel. Darüber erscheinen zwei große Engel mit Symbolschildern eines alten und jungen Adlers und einer von der Sonne erleuchteten Landschaft als Zeichen der Erneuerung und Erleuchtung. Man kann das Profanierung der Engel nennen.

In gewissem Sinne ein Kontraprodukt zum Engel und dennoch aus ihm herausgewachsen ist die Liberté im berühmten Gemälde *La Liberté guidant le peuple* von Eugène Delacroix (1798–1863) im Louvre. Die junge Frau mit dem entblößten Busen hebt die Fahne und führt die Kämpfer aus dem Pulverdampf über die Leichen in die Freiheit. Sie ist eine Variation ohne Flügel zur Nike von Samothrake (vgl. S. 45f.).

Die Französische Revolution und ihre Nachfolgezeit zitiert die antiken Vorfahren der Engel wiederholt. Berühmt ist das Säulenmonument auf der Place de la Bastille in Paris, vollendet 1840 zur Erinnerung an die Opfer der Julirevolution von 1830. Das Werk ist Grabmal der darunter in den Katakomben Begrabenen und zugleich Siegesmal des Sturmes auf die Bastille vom 14. Juli 1789. Als Bekrönung der 50 m hohen «Grabstele» (Säule) schuf der Bildhauer Augustin Alexandre Dumont (1801–1884) eine bronzevergoldete Statue des «Genius der Freiheit». Der Künstler verwandelte die römische Siegesgöttin Victoria in einen nackten jungen Mann, dessen große Schwingen ihn über den Globus tragen (vgl. S. 77). Tod und Überwindung des Todes durch

◁ Die Verherrlichung des Prinzen Bourbon, Miniatur von Nicolas Jarry, Paris 1647, Los Angeles, J. Paul Getty Museum, Ludwig Ms. XII 13, fol. 3 v.

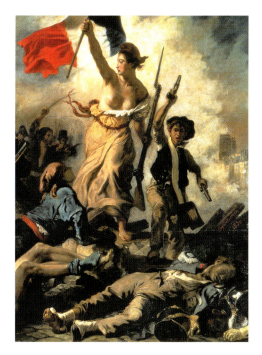
La Liberté guidant le peuple, Gemälde von Eugène Delacroix (1798–1863), Paris, 1830, Paris, Musée du Louvre.

Die Engelsburg (Hadrianmausoleum, begonnen 135 n. Chr.) mit der Bronzefigur des Erzengels Michael, Pieter Verschaffelt (1710–1793), Rom, 1752, Rom, Piazza Pia.

die Freiheit werden mit den antiken Bildern von Victoria und Hermes zu einer neuen Gestalt geformt, die den Geist der Freiheit über den Erdball verkünden soll. Auch die Künstler der Revolution vollziehen in der Nachfolge ihrer Ahnen aus Absolutismus und Aufklärung den Sprung über die christliche Tradition der Engel hinweg, zurück in die antike Geisteswelt und Mythologie.

Engel als Verwandler

Johann Wolfgang von Goethe (1749–1832) ließ seine Tragödie *Faust* bei den Engeln beginnen und bei den Engeln enden. Was dazwischen spielt, sind Beispiele – Beispiele fürs Leben aus Mittelalter und Antike. Insofern ist Goethes *Faust* eine «Göttliche Komödie». Auch darin sind die Engel Vexierbilder für den Himmel als Ort Gottes und Ausgang des göttlichen Willens zu den Menschen. Im Prolog stehen die Erzengel Raphael, Gabriel und Michael vor dem Thron Gottes, dem nun der Widersacher Mephistopheles naht: Die Tragödie kann beginnen! In Ludwig van Beethovens (1770–1827) Oper *Fidelio* legte das Schicksal Florestan, wie einst den Apostel Petrus in Rom, in Ketten. Die Befreiung kommt durch den Engel, hier durch Leonore, die Gattin. Dieser Engel führt Florestan «zur Freiheit ins himmlische Reich». Der Engel Leonore ist ein typisches Beispiel der Transformation: Die Befreiung Florestans erfolgt zwar durch die geliebte Gattin, doch für den entscheidenden Augenblick muss der Dichter sie zum höheren Wesen, zur Lichterscheinung, verwandeln. Das entsprechende Bild ist hier immer noch der Engel. Auch die neuere Kunst liebt diese Verwandlungen. Das englische Wort Performance vertritt eine Richtung, in der sich unter der Hand des Künstlers alles verwandelt. Aus Menschen werden durch Bemalung des nackten Leibes Vögel. Wenn Vögel den Menschen wie im biblischen Beispiel von der Taube Noahs gute Botschaften bringen, kommen sie einzeln angeflogen; in Schwärmen bedrohen *Die Vögel* Alfred Hitchcocks (1899–1980) die Menschheit. Auch Menschen als Helfer in der Not müssen mehr können als eilen, sie müssen fliegen. Ein Bild dafür ist Batman (Film 1988), der Unbesiegbare, der aus der Luft kommt.

Die Transformation der Engel ins Menschliche oder die Verwandlung von Menschen zu Engeln ereignete sich während der Jahrhunderte wiederholt, wobei die Tiergestalt nicht ausgeschlossen wurde. Der Tod konnte die Verwandlung auslösen. Auf dem für Kaiser Hadrian (117–138) im Jahr 135 erbauten Mausoleum in Rom steht seit 1752 die Bronzestatue des Erzengels Michael. Das Kaisergrab wurde zur Engelsburg. Auslöser war die Engel-

Krieg und Frieden, Gustav Herbrich, 1997, bestehend aus Nike, Gips, blau pigmentiert, Metallstab und Stein von Yves Klein, 1962, und Friedensengel aus München, Bronze, blattvergoldet von den Hermes Werkstätten, 1996, München.

Mehr Vogel als Engel, Zeichnung von Paul Klee (1879 bis 1940), Bern, 1939, Bern, Kunstmuseum, Paul Klee-Stiftung.

Le Génie de la liberté, vergoldete Bronzestatue auf der Gedenksäule an die Toten der Julirevolution von 1830. Augustin A. Dumont (1801–1884), um 1840. Paris, Place de la Bastille.

erscheinung zur Zeit des Papstes Gregor des Großen (590–604). Bei der Rückverwandlung von Ideen in alte Bilder konnten sich die Typen kreuzen. Dem alten Engelsgewand, das schon um den Leib der Nike von Samothrake flatterte, zogen Künstler im Klassizismus des 19. Jahrhunderts die göttliche Nacktheit vor.

Der Engel wird zum Vogel

Gottheit, Tier und Mensch lagen schon bei den Ägyptern in einem Transformationsfeld von Gestalten, das der Menschengeist in Bewegung brachte. Der Totengeleiter Anubis trägt einen Schakalskopf, Seth's Tierkopf ist kaum definierbar. Irrealisten wie der Maler Paul Klee (1879–1940) griffen, wenn sie sich dem Engel-Thema näherten, diese Verschiebungen wieder auf. Der Engel wird zum Vogel – *Mehr Vogel als Engel* heißt ein Bild von Klee. Auch

▲ Tag, Marmorrelief von Bertel Thorvaldsen (1768–1844), Rom, 1815, London. Victoria & Albert Museum, Leihgabe des Thorvaldsen-Museums.

▷ Der Engel führt den Hirten zur Krippe. Details aus einer vielfigurigen Weihnachtskrippe, gebrannte rote Tonerde, Ildefons Curiger (1782–1841), um 1810–1830. Einsiedeln, Sammlung des Stiftes.

Rainer Maria Rilke (1875–1926) hatte in seiner zweiten Duineser Elegie den Todesengel mit dem Bild des Vogels in Verbindung gebracht. Seine in Duino 1912 begonnenen und 1922 in Muzot vollendeten Elegien sind Zwiegespräche mit den Engeln, in denen die Sprache des Herzens mit ihren darin gefangenen Bildern die Sprache des Gesichtes – des Gesehenen oder zu Sehenden – ablöst.

Frömmigkeit und Kitsch, Kuriositäten

Die Engel sind den Künstlern aller Jahrhunderte zu Hilfe geeilt, im 19. und 20. Jahrhundert haben sie jedoch besondere «Lücken» gefüllt! Selbst das Undarstellbare wurde mit ihnen zur Darstellung gebracht. Der dänische Bildhauer Bertel Thorvaldsen (1768–1844) schuf 1815 zwei formvollendete Marmorreliefs mit dem Thema *Tag* und *Nacht*. Große weibliche Engel dienten ihm als Personifikationen und Trägerinnen gedanklicher Assoziationen, die der Antike entstammen. Der rosenstreuende Tag trägt in Erinnerung an Homers rosenfingrige Morgenröte auf ihren Schwingen den geflügelten römischen Genius des Lichtes, der seine brennende Fackel zum Himmel hebt. Die Nacht mit der Eule als Kennzeichen hält schützend zwei schlafende Kinder im Arm. Das Schutzengelmotiv findet eine neue, profanierte Form.

Ähnliche Vorgänge zeichnen sich bei der Darstellung des Metaphysischen ab. Der französische Maler Louis Janmot (1814–1892) zeigt in seinem um 1860 entstandenen Gemälde *Le vol de l'âme*, wie die Engel mit den als nackte Kinder verkörperten Seelen aus dem Luftraum zur Erde fliegen, auf der sie, aus himmlischer Geborgenheit entlassen, ihren Körpern und einem Erdenleben zugetragen werden, das ihnen zur Qual werden kann. Der rechts unten im Bild zu sehende, gefesselte Prometheus hat es erfahren. Das alte Motiv des Psychopompos (griechisch Seelenführer des Menschen nach dem Tode) erfuhr hier seine Umkehrung: die Seele wird von den Engeln nicht in den Tod, sondern in das Leben geleitet.

Die Frömmigkeit findet in jedem Jahrhundert neue Formen, oft aber bleibt sie konventionell und hält sich mit Demut und Zärtlichkeit an die Tradition. Besonders in den Alpenländern bilden sich im Schatten religiöser Zentren Werkstätten, die sowohl im Bereich der Skulptur als auch der Malerei kleinformatige Werke schaffen, Kunst zum Mitnehmen und zum Andenken. Ein Beispiel bietet Einsiedeln mit seinen Generationen von Kleinplastikern und Wachsbossierern, die zuerst aus freier Hand in Tonerde, dann nach Modeln in Gips arbeiten.

Le vol de l'âme, Gemälde von Louis Janmot (1814–1892), Lyon, um 1860, Lyon, Musée des Beaux-Arts.

Jakob kämpft mit dem Engel, Ölgemälde von Eduard Steinle (1810–1886), Frankfurt a. Main, 1837, Privatbesitz.

Engel an der Techno-Streetparade 1999 in Zürich.

Den gleichen Vorgang können wir schon im 15. Jahrhundert in Belgien, Holland und den Rheinlanden beobachten. Die Einsiedler Kleinplastiker Joseph Anton Curiger (1750–1831) bis Ildefons Curiger (1782–1841) waren in dieser Kunst besondere Begabungen. Ihre Krippenfiguren vereinen Rokoko und Klassizismus, Bewegungsdrang und Ruhe, Pathos und Sentimentalität. Die Engel sind ihre Lieblinge.

Dennoch ist das Resultat jahrhundertelanger «Arbeit» der Engel für die Menschen ihre Verniedlichung und Verkitschung im Industriezeitalter des 19. und 20. Jahrhunderts, die mit ihren Serienprodukten die Engel vor eine harte Existenzprobe stellten, in der sie zwar überlebten, aber ihre alte Kraft und Würde verloren. Die Engel wurden Gefangene des Haushaltes, der im Kleinbürgertum nicht weiter als von der Küche bis ins Schlafzimmer reichte. Dort fanden sich auch entsprechend die Engel in Gips, weiß oder farbig auf Öldruck und golden gerahmt. Sie sind alle zärtlich und süß, vor allem zu Kindern, die sie über hölzerne Brücken reißender Bäche führen. Das alte Motiv des Engelgeleites der Seele über die Probebrücke, auf der die Gefahren der Hölle lauern (vgl. S. 32), hat sich erhalten, jedoch rein diesseitig: Den Kinderchen wird schon nichts geschehen.

Kunst ist nun aber, auch wenn sie den Geschmack versüßt, noch kein Kitsch. Kitsch ist die Verwertung und Vermarktung des Lieblichen. Die rosa glänzenden Hintern und fächernden Flügel der kleinen Amoretten beglücken uns heute im Fernsehen mit allerhand Waren oder nehmen selbst Warengestalt an, und der geflügelte Erzengel im Sexfilm wird nicht mehr weit sein, falls er nicht schon unter uns weilt. Ähnlich ist es mit dem Engelsex, denn Sex und Kitsch sind einander nicht abhold. Sylvère Lotringer zwingt in einem Beitrag «Engelsex» zu dem von Cathrin Pichler 1997 für die Kunsthalle Wien herausgegebenen Katalog *Engel. Legenden der Gegenwart* den Engeln den Sex auf und schickt den Erläuterungen dazu ein Zitat nach Jack Smith voraus: «Engel spreizten ihre Beine, und der Himmel wurde feucht.» Die Menschen machen mit den Engeln, was sie wollen!

Florenz (S. Maria degli Angeli), um 1410, dekorierte Initiale C, Österreich, Privatsammlung.

Das Nicht-Wahrnehmen

von etwas beweist nicht

dessen Nicht-Existenz

14. Dalai-Lama

Engel und Religion in anderen Kulturen

Der Vergleich von Begriffen zwischen Kulturen ist keine einfache Sache. Er ist besonders schwierig im Fall der chinesischen Kultur, da die linguistischen Voraussetzungen dort so radikal anders sind als bei uns. Dies zeigt uns klar der jahrhundertelange Streit zwischen den verschiedenen Missionsorden und -organisationen – sowohl den katholischen als auch den protestantischen – über die korrekte Übersetzung des westlichen Gottesbegriffs in die chinesische Sprache. So kreierten oder übernahmen die Missionare zwischen dem 17. und dem 20. Jahrhundert mehrere chinesische Namen für Gott – zum Beispiel Tianzhu, das heißt Herr des Himmels, Tiandi, das heißt Himmelskaiser, Tianfu, das heißt Himmelsvater, Caowuzhe, das heißt Schöpfer, oder Zhuzai, das heißt Herr – wobei jeder Orden behauptete, die einzig richtige Übersetzung für Gott gefunden zu haben.

Ähnlich muss man sich fragen: Was also sind Engel in der chinesischen Sprache? Was sind Engel für die Chinesen? Hat dieses Volk überhaupt so etwas wie Engel? Wie sagt man Engel auf Chinesisch? Was unterscheidet die Engel der Chinesen von ihren Geistern, von ihren Unsterblichen, von ihren Seelen, von ihren Feen unter anderem? Ist es die Unsichtbarkeit, die Fähigkeit zu fliegen, die Feinstofflichkeit, die Reinheit des Geistes?

In den meisten Wörterbüchern wird das Wort Engel mit *Shen* oder *Tianshi* übersetzt. Das erste Wort bedeutet aber eigentlich meistens Geist, oder niederer Gott (z.B. der Küchengott ist ein Shen), während das zweite, das wörtlich «Himmelsgesandter» bedeutet, eine Schöpfung der Missionare, also kein genuin chinesischer Begriff ist.

Um echte chinesische Engel zu finden, müssen wir also in der chinesischen Mythologie, Religionsge-

schichte und Kunstgeschichte suchen, wobei wir uns – ziemlich willkürlich – auf zwei Merkmale beschränken werden: Engel als jenseitige Wesen, die den Menschen als Mittler zwischen Himmel und Erde helfen oder ihnen Botschaften der Götter bringen, und – speziell in der Kunst wichtig – Engel als jenseitige, unsichtbare Wesen, die wir uns aber als mit der Fähigkeit, im Himmel zu fliegen, ausgestattet, vorstellen.

In den nahöstlichen Kulturkreisen (Persien, Zentralasien, Länder des Islam) sind dagegen die Begriffe für göttliche Wesen und Engel mit den unseren sehr verwandt.

Engel als Sendboten des Himmelsgottes im antiken China

In seiner *Klassischen Chinesischen Mythologie* erwähnt Wolfgang Münke zwei Sendboten des Himmelsgottes *(Tiandi)*, die er als «Engel» bezeichnet: Es sind dies, mit Namen, die Engel *Gou Mang* und *Ru Shou*.

Gou Mang verhieß Glück und langes Leben, Ru Shou kündigte Strafe und drohenden Untergang an. Beide wurden als Shen in den alten Texten bezeichnet. Gou Mang kommt unter anderem im antiken Text *Mo Zi*, Ru Shou im archaischen Text *Guo Yu* vor. Wir zitieren nachfolgend zwei Textstellen, die die Eingriffe dieser chinesischen Engel im Leben der Menschen beispielhaft darlegen:

«Als sich Herzog *Mugong* von *Qin* vor alters einst zur Mittagszeit im Ahnentempel befand, trat ein Engel zur Tür herein und stellte sich ihm zur Linken. Er hatte einen Vogelleib, trug ein weißes Gewand ... Herzog Mugong, von Furcht erfüllt bei seinem Anblick, wandte sich zur Flucht. Der Engel aber sprach: ‹Fürchte dich nicht! Gott im Himmel (Di) empfindet Wohlgefallen an deinem lichten Geist. In seinem Auftrag soll ich dir weitere neunzehn Lebensjahre bescheren, auf dass dein Land blühe und gedeihe, auf dass deine Kinder und Kindeskinder sich mehren und ihnen Qin erhalten bleibe.› Herzog Mugong verneigte sich zweimal, berührte mit der Stirn den Boden und sprach: ‹Ich wage es, Engel, nach deinem Namen zu fragen.› – ‹Ich bin Gou Mang›, erwiderte der Engel.» (Mo Zi, Kap. 31 Ming gui, xia).

«Dem Herzog von Guo träumte, er befände sich im Ahnentempel. Dort erblickte er einen Engel mit menschlichem Antlitz, weißem Fell, Tigerklauen und Schlangenkörper, der, mit einer Streitaxt bewaffnet, am Westpfeiler stand. Der Herzog wollte fliehen, so fürchtete er sich. Der Engel aber sprach: ‹Bleib! Gottes Auftrag lautet: Das Heer des Reiches Qin soll durch deine Tore seinen Einzug halten.› Der Herzog verneigte sich und berührte mit seiner Stirn den Boden ... Von seinem Traumdeuter erhielt der Herzog

die Auskunft: ‹Euren Worten zufolge, o Herr, war es Ru Shou, des Himmels Engel der strafenden Vergeltung›.» Sechs Jahre später, im Jahr 656 v.Chr., wurde Guo von Qin erobert (Guo Yu, Kap. Qin Yu, 2).

«Harmonisch fügen sich Gou Mang und Ru Shou in das Schema der altchinesischen Kosmologie: Engel Gou Mang, auf zwei Drachen reitend, beherrscht den Frühling, die Jahreszeit der sprießenden Saaten, und den Osten, Land des Sonnenaufgangs. Engel Ru Shou, ebenfalls auf zwei Drachen reitend, am linken Ohr als Attribut eine Schlange, verwaltet den Herbst, die Jahreszeit der Ernte, und den Westen, Land des Sonnenunterganges», so Münke.

Darstellungen von Gou Mang und Ru Shou waren bis vor kurzem höchst selten: Man kannte eigentlich nur wenige, meist verwitterte Reliefdarstellungen dieser Engel, die auf Monumentalsäulen (sog. que) aus der frühen Hanzeit (206 v. bis 23 n. Chr.) gemeißelt worden waren. Aber das im Jahr 1972 ausgegrabene Han-Grab Nr. 1 von Mawangdui (Provinz Hunan), das auf die Mitte des 2. vorchristlichen Jahrhunderts zurückgeht, hat ein bemaltes, seidenes Begräbnisbanner geliefert, das unter anderem wunderbare, farbige Darstellungen von einem Ru-Shou- und von zwei Gou-Mang-Engeln aufweist. Der Engel Ru Shou mit der Schlange ist oben in der Mitte des Banners oberhalb von zwei horizontalen Drachen sichtbar, während die zwei Gou-Mang-Engel mit Vogelkörpern im letzten, unteren Drittel des Bildes zwischen den zwei vertikalen Drachen plaziert sind.

Dieses fast 2200 Jahre alte, einmalige Kunstwerk stellt im übrigen die schönsten und vollkommensten Darstellungen aller wichtigen Figuren der chinesischen Mythologie vor, die wir kennen. Und dies in einem umwerfend guten Erhaltungszustand!

Fliegende Himmelswesen in der buddhistischen Überlieferung

Mit der Ankunft des Mahayana-Buddhismus in China in der Zeit ab dem ersten nachchristlichen Jahrhundert (Traum des Kaisers Mingdi: 67 n. Chr.) fand eine wachsende Anzahl von neuen himmlischen Wesen Eingang in die chinesischen Glaubensvorstellungen und auch in die chinesische Kunst. Der Mahayana-Buddhismus (auch «Großes Fahrzeug» genannt) war weit entfernt von der strengen Weltanschauung beziehungsweise Philosophie, die vom historischen Buddha Shakyamuni gelehrt wurde. Er enthielt ein komplexes Pantheon von Halbgottheiten und Himmelswesen, die meist in Scharen im Gefolge höherer Buddha-Erscheinungen (Amithaba-Buddha, Maitreya-Buddha, Vairocana-Buddha usw.) oder Bodhisattvas auftraten. Er wies unter anderem ursprünglich hinduistische, engelähnliche Wesen auf, wie die Gandharvas (himmlische Musikerinnen und Musiker), die berückend schönen Apsaras (Himmelselfen) und die Yakshas (Schatzgeister). Diese fliegenden Engel fanden sehr früh in der zentralasiatischen Kunst Eingang und ihre Darstellungen verbreiteten sich nach und nach im ganzen chinesischen Reich. Die berühmtesten Heiligtümer – ob Dunhuang im Fernen Westen Chinas oder Yungang im Osten des Landes – weisen unzählige Apsaras und Gandharvas auf ihren zahlreichen Fresken auf.

Zum Platz dieser schwebenden Darstellungen in der chinesischen Kunstgeschichte hat niemand besser als Anil de Silva geschrieben: «Um zu begreifen, wie sehr der abstrakte Charakter der geschwungenen Linien Teil der chinesischen Kunst wurde, braucht man nur einen Blick auf ihre Vorbilder, die Apsaras Indiens, zu werfen. Die indische Apsara ist ein sinnliches Geschöpf mit Brüsten, goldenen Schalen ähnlich, Lotosaugen und vibrierendem Fleisch. Die chinesische Apsara ist ganz bekleidet, ein seelenvolles Wesen, ein lichter Engel, Klang einer Laute in der Stille der Dämmerung. In den

▲ Blumenstreuende Apsara, Fragment aus der Kinnari-Höhle in Kumtura, 8.-9 Jh. n. Chr., Berlin, Staatliche Museen.

◄ Schiwa und Parvati, indisches Aquarell von 1780.

Seite 83: Mohammed und Buraq, umgeben von Engeln, persische Miniatur aus dem 15. Jh. von Mirâj Nâmeh, Istanbul, Museum Topkapi.

Tang-Gruppendarstellungen steht die Zentralfigur des Buddhas majestätisch still, während die Apsaras, die himmlischen Musikanten und die Nymphen mit windbewegten Gewändern durch den Raum flattern. Dieser besondere Wind hat auch später der chinesischen Kunst immer wieder ihren charakteristischen Rhythmus verliehen. In der Malerei wurde der Wind als ein positiver Faktor betrachtet. Er war eine der himmlischen Kräfte, die in den Dingen das Leben erweckten.»

Buddhistische «Schutzengel»: die Bodhisattvas

Mit dem Buddhismus ist aber auch eine andere Art von Himmelswesen in die chinesische Götterwelt eingetreten, die unserer Vorstellung vom Schutzengel recht wesensverwandt ist. Zudem haben diese Himmelswesen in der buddhistischen Ikonogra-

Der Bodhisattva Maitreya mit Mandorla, vergoldete Bronze von 536 n. Chr. für einen Tempel bei Ting-chou, Philadelphia, University Museum.

Die sieben Himmel, persische Miniatur von Hamleh-ye Haydari, 1808, Paris, Bibliothèque Nationale.

phie – und somit in der chinesischen Kunst – eine absolut hervorragende Stellung inne: Ich meine die *Bodhisattvas*: Diejenigen erleuchteten Himmelswesen, die in der chinesischen Kunst noch öfter dargestellt wurden als der Buddha selber.

In der Mahayana-Tradition war der Schwerpunkt der Lehre nicht mehr die Erlangung des Nirwanas für sich selbst, sondern die Verehrung von barmherzigen Boddhisattvas, die Schwierigkeiten aus unserem gegenwärtigen Leben beseitigen und uns im nächsten eine gute Wiedergeburt bewirken können. Diese Vorstellung von hilfreichen, uns in schweren Lebenslagen beistehenden «Schutzengeln» sprach das Volk ebenso an, wie auch die Hoffnung spendende Mahayana-Idee, derzufolge jedes Lebewesen potenziell die Buddhanatur besitzt. In der Mahayana-Vorstellung sind die Bodhisattvas Wesen, die die Erleuchtung erreicht haben und somit Recht auf Eintritt ins Nirwana hätten. Sie verzichten aber freiwillig auf dieses Privileg, um uns Menschen in unserem Lebenskampf beizustehen. Engeln ähnlich, bleiben sie in der Nähe der menschlichen Sphäre, um daselbst ihr gutes Werk der Hilfe und der Barmherzigkeit fortzuführen.

Da den Bodhisattvas beim Volk – und bei den Künstlern – eine besonders tiefe und verbreitete Verehrung zuteil wurde, wurden sie, wie gesagt, bis heute zu den in der buddhistischen Ikonographie am meisten dargestellten heiligen Wesen. Man zeigte sie allerdings nicht als fliegende «Engel», sondern als Buddha-ähnliche Wesen, meist mit Heiligenschein und wohlwollendem, sanftem Antlitz: Sie erscheinen uns entweder sitzend meditierend oder in vornehm stehender Haltung, uns armen Menschen ihren Segen erteilend.

Von diesen buddhistischen «Schutzengeln» werden in China (und in Japan) vor allem folgende vier Bodhisattvas (chinesisch *Pusa* genannt) verehrt: Der Weisheit spendende Bodhisattva *Mandschuschri*, (chines. *Wenshu*); der auf einem Elefanten reitende Bodhisattva *Samantabhadra* (chines. *Puxian*); der die Reisenden, die Schwangeren, die Kinder und die Höhlenbewohner beschützende Bodhisattva *Kschitigarbha* (chines. *Dicang*); und vor allem der barmherzige Bodhisattva *Avalokiteshvara*, der in China als *Guanyin* (Japan *Kannon*) zu einer gnadenreichen «Madonna» geworden ist. So gnadenreich, dass ihre Statuen zwar flügellos, dafür aber oft mit «zehntausend» Armen und Händen vor den Gläubigen in den heiligen Tempelhallen stehen. Zu so vielen gebenden und segnenden Händen haben es bisher in der Ikonographie keine christlichen Engel gebracht – selbst unsere Erzengel nicht.

Engel in den nahöstlichen Kulturkreisen

In Persien kennt die ursprüngliche Religion des *Zardusch* (Zoroaster, Zarathustra) keine Engel, sondern – neben dem Gott *Ahura Mazda* (dem

◁ Bukhara. persische Miniatur von 1555, London, British Museum.

Weisen) – nur die sogenannten *Amesha Spenta*, das heißt «unsterbliche Heilige», die eher als symbolische Gestalten des Guten, des Wahren, der Perfektion, der Unsterblichkeit zu betrachten sind.

Engel entstehen im persischen Raum erst mit der Weiterentwicklung des Zoroastrismus zu einer Volksreligion. Diese Religion kennt zum Beispiel den Siegesengel *Verethraghna* sowie die *Fravashi*, das heißt die Schutzengel der Gläubigen, die aber in den kanonischen Schriften (*Gathas*) noch nicht erwähnt sind. Später übernehmen die Perser mit dem Islam die Engel dieser für sie neuen Religion. Der Islam hat seine Engel teilweise von der jüdischen Torah übernommen, insbesondere deren Erzengel Gabriel (*Jibril*) und Michael (*Mika'il*). Die Engel (*Mala'ika* auf Arabisch; im Arabischen gibt es kein Wort für Erzengel) sind im Koran mehrfach erwähnt: Siehe zum Beispiel Sure 2: «Wehe dem, der ein Feind Allahs

▶ Mohammed und Gabriel, persische Miniatur aus dem 16. Jh., Edinburgh, Universitätsbibliothek.

ist, seiner Engel, seiner Boten, von Jibril und Mika'il.» Wichtigster Engel im Islam ist Jibril, weil er dem Propheten *Muhammad* den Koran vermittelte. Dem gläubigen Moslem besonders am Herzen liegen aber auch die Engel *Israfil*, *Izra'il*, *Mika'il*, *Munka*r und *Nakir*.

Aus der vorislamischen Urreligion hat der Islam auch den *Djinn* (von *Idjtinan*, d.h. «versteckt») als menschennahes jenseitiges Wesen hinübergenommen. Im Gegensatz zum Engel besteht aber der Djinn nicht aus Licht, sondern aus Feuer. Wie der Mensch kann auch er am Jüngsten Gericht von der Verdammung gerettet werden. Die letzte Sure des Korans (114) sagt: «Befreie mich von bösen Djinnen und schlechten Menschen.»

Im Islam hat jeder Mensch zwei Schutzengel an seiner Seite, die auch Berichterstatterengel genannt werden. Sie haben zur Aufgabe, alle guten oder schlechten Taten dieses Menschen aufzuzeichnen.

Engel und Religion in anderen Kulturen

Berner Münster, Hauptportal. Erhart Küng, Jüngstes Gericht, 1483 ff. Das vom westfälischen Architekten und Bildhauer konzipierte Hauptportal des Berner Münsters gehört zu den spätesten gotischen Portalprogrammen und die Darstellung des Jüngsten Gerichts zu den farbigsten Schilderungen dieses Bildthemas. Die Engel treten hier zahlreich in Erscheinung, Michael als Seelenwäger, andere als Helfer, während die Engel in den Archivolten auf den Opfertod Christi weisen.

Engel in der Schweiz

Engel sind überall. Auch in der Schweiz. Wer sich hierzulande umsieht, wird immer wieder von Engeln überrascht. Im profanen Bereich begegnen wir ihnen auf öffentlichen Gebäuden; Rathäusern und Gerichtsgebäuden, wo sie als Skulpturen neben der Personifikation der Gerechtigkeit erscheinen, auf Brunnen und an vielen anderen Stellen, oftmals da, wo wir sie gar nicht erwarten. Natürlich ist das Sakrale, die Kirche, ihre angestammte Heimat, wo sie auf Wandgemälden, geschnitzten oder prächtig gemalten Altarwerken und schillernden Glasfenstern agieren. Mittlerweile bevölkern die Himmelswesen als kunsthistorische Juwelen auch die Museen. Den Weg zu ihnen weist nachfolgende Auswahl derartiger Kostbarkeiten in der Schweiz. Dieser Querschnitt durch ihre Kunststätten soll andeuten, welch reiche Schätze sich uns in allen Landesteilen erschließen.

Deutsche Schweiz

Neben dem Bildersturm hatte die Reformation zur Folge, dass sich auch vielerorts die reformierten Gemeinden damit begnügten, den bildlichen Schmuck wegen ihren schlichteren liturgischen Ansprüchen einfach zu entfernen, so dass die alten Gotteshäuser unbehelligt blieben. Daraus erklärt sich, dass vor allem im Bernbiet sowie in Graubünden weit mehr romanische, gotische und spätgotische Kirchen unverändert erhalten blieben.

Die prachtvollen Glasfenster im Chor der ehemaligen Klosterkirche Königsfelden spiegeln das gotische Lebensgefühl aufs schönste wider. Außergewöhnlich schmal und hoch, streben sie mit aller Kraft himmelwärts und erzeugen bei den Gläubigen das Gefühl, von irdischer Mühsal befreit, hinangezogen zu werden.

Frauenfeld
Historisches Museum des Kantons Thurgau

Die Verkündigung
Buchminiatur, Bodenseeraum, um 1320

Die Bildinitiale M mit der Darstellung der Verkündigung an Maria war ursprünglich Teil eines Chorbuchs eines Zisterzienserklosters im Bodenseegebiet und fällt zeitlich mit dem berühmten, nur unwesentlich früheren Graduale von Katharinenthal (Zürich, Schweizersiches Landesmuseum / Frauenfeld, Historisches Museum) zusammen.

Bern
Kunstmuseum

Maestà
Duccio, um 1290–1295

Die kleine Maestà des Sienesen Duccio di Buoninsegna, die sich ausnimmt wie eine auf Holz gemalte Miniatur, diente ursprünglich der privaten Andacht. Es ist nicht nur das früheste, sondern auch das bedeutendste italienische Gemälde des Kunstmuseums in Bern. Es steht im Spannungsfeld zwischen Cimabues künstlerischer Entwicklung und der von Duccio und Giotto initiierten neuen wirklichkeitsnäheren Sicht der Dinge, welche die Neuzeit der Malerei einläutet. Die Engel, welche die thronende Maria mit ihrem Kind flankieren, treten hier als Wächter des Himmelsthrons in Erscheinung, und mit ihrer Huldigung glorifizieren sie die Herrlichkeit Gottes.

Bern
Kunstmuseum

Geburt der Jungfrau
Niklaus Manuel Deutsch, 1515

Das vom Berner Renaissancemaler
Niklaus Manuel Deutsch gemalte
Bild der Geburt der Jungfrau war einst
Teil des von der Lukas- und Eligius-
Bruderschaft gestifteten Altars
der Berner Predigerkirche. Die weiteren
Elemente dieses Altars befinden

Basel
Öffentliche Kunstsammlung

Drei schwebende Engel
Meister des Hausbuchs, um 1485

Die graziös im Goldhimmel schwebenden Engel sind Fragment einer
bisher nicht identifizierten Tafel. Durch
ihre lebhaften Posen verbinden sie
sich stilistisch mit den Himmelswesen,
wie sie der vermutlich aus dem
Mittelrhein stammende Maler und

Lenzburg
Historisches Museum, Aargau

Die thronende Jungfrau
Pere Lembri, 1420

Die mächtige, bisher unbekannt
gebliebene Tafel mit der thronenden
Jungfrau im Beisein von Engeln ist
zusammen mit einem zweiten Element,
das den mit dem Drachen kämpfenden
Michael zeigt, eines der Hauptwerke
des Katalanen Pere Lembri. Sie darf

Königsfelden
Klosterkirche

Zürich
Kunsthaus

Zürich
Kunsthaus

Engel
Glasfenster, um 1326 ff.

Die Befreiung Petri aus dem Gefängnis
Matthias Stom, um 1632

Der Erzengel Raphael und Tobias
Giovanni Mazone, 1486

Die Glasfenster im Chor der Klosterkirche von Königsfelden gehören zu den glanzvollsten Bilderzyklen der europäischen Glasmalerei des 14. Jahrhunderts. Die ausführende Künstlerwerkstatt war offenbar bereits vertraut mit den neuesten Errungenschaften in der erzählerischen Dramaturgie und in der Meisterung räumlicher Probleme, wie sie Giotto in der Oberkirche in San Francesco in Assisi magistral vorgetragen hatte. Der hier abgebildete Engel stammt aus Fenster 11 und stützt das dritte und zentrale Medaillon mit einer Darstellung der heiligen

Dieses eindrucksvolle Bild des in Utrecht ausgebildeten Malers stellt das in den Apostelakten (12, 4–11) geschilderte Ereignis der Befreiung des Sankt Petrus aus dem Kerker dar. Der in dieser Schilderung ausdrücklich als helle Lichterscheinung erwähnte Engel hat hier die dramatische, nach Caravaggios Vorbild gestaltete Lichtregie ausgelöst, die Stom während seines Aufenthalts in Rom (1630–1632) kennengelernt hatte und in seinem Bild meisterlich umsetzte.

Vor dem Hintergrund eines reich dekorierten Goldgrundes erscheint der Erzengel Raphael, der den ihm anvertrauten Tobias an der Hand führt. Geschildert ist die im Buch Tobias erwähnte Rückkehr der beiden zu Tobias blindem Vater, der durch die Eingeweide des Fisches schließlich von seinem Leiden geheilt wird. Die Tafel des Zürcher Kunsthauses ist Teil des großen Altarwerks, das am 2. Oktober 1486 für die Kapelle der Berettieri in San Agostino in Genua in Auftrag gegeben wurde.

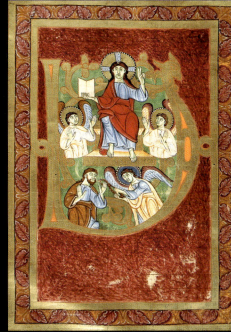
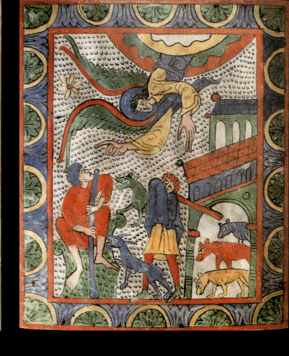

Winterthur
Museum Oskar Reinhart am Römerholz

Die Verkündigung
Oberrheinischer Meister, um 1430

Dieses raffiniert in der Manier der Buchmalerei gemalte Täfelchen entspricht gerade durch den gefühlvollen intimen Dialog zwischen Engel und Maria den Anforderungen des privaten Andachtsbildes. Privat und häuslich ist denn auch das Interieur,

Schaffhausen
Stadtbibliothek, Ms. 4, fol. 6v

Vision des Jesaias
Ottonisch, 11. Jahrhundert

Das prachtvolle frühe Pergamentblatt zeigt im oberen Bereich der Initiale V inmitten zweier Engel den sprechenden Ewigen. Sein Wort wird im unteren Bereich als Vision von einem weiteren Engel übermittelt. Das an sich strenge Bildkonzept wird hier durch die mit

Sarnen
Kollegium, Cod. 83, fol. 3v

Die Verkündigung an die Hirten
Muri, um 1100

Der begabte Buchmaler des Psalters Cod. 83 in Sarnen hat auf fol. 3v mit beschwingtem Erzählerstil das Geschehen der Weihnachtsnacht geschildert, als Gott den Engel aussandte, um den Hirten die Geburt seines Sohnes zu verkünden. Mehr

Französische Schweiz

Während zweieinhalb Jahrhunderten waren Genf, Neuenburg, Waadt und der französische Teil des Kantons Bern protestantisch. Malerei und Skulptur haben unter der Begleiterscheinung der Reformation, der Bilderstürmerei, gelitten. Dennoch war diese Bewegung sehr selektiv: Lediglich die Statuen und Bilder, die im 16. Jahrhundert Gegenstand der Ehrfurcht, ja des Aberglaubens waren, wurden beschädigt oder zerstört.

Bezeichnend ist die Kathedrale von Lausanne, eines der bedeutendsten Bauwerke der Frühgotik in der Schweiz. Der alte Haupteingang, das «Portail peint» (um 1215 bis 1230), ist ein großartiges Beispiel gotischer Bildhauerei und erinnert mit seiner wunderschönen Krönung der Muttergottes daran, daß Notre-Dame früher eine vielbesuchte Marien-Wallfahrtskirche war.

Freiburg
Musée d'Art et d'Histoire

Beweinung Christi
Pierre Wuilleret, um 1610–1615

In Anspielung an die Eucharistie, des Leibes Christi, verweist die Muttergottes mit ihrem frontal zum Betrachter gewandten Blick auf den toten Sohn. An ihrem Schmerz haben auch die beiden Engel teil. Trotz des Kleinformats geht von diesem Gemälde eine bemerkenswert monumentale Wirkung aus, die den Betrachter emotional involvieren soll, ein Anliegen, das wohl der Privatandacht, der vermutlichen Funktion des Bildes, zugute kam.

Lausanne
Kathedrale

Engel erwecken die tote Jungfrau
Portal, um 1216–1220 (Ausschnitt)

Der Bildhauer hat mit seinen klassisch geprägten polychromen Figuren nicht die Himmelfahrt Mariens selbst, sondern das vorgängige Geschehen ihrer Auferweckung durch die Engel zur Darstellung gebracht. Die Anspielung auf ihre nachfolgende Himmelfahrt ist auf dem Original in der Kathedrale durch den oben im Tympanon in einer Mandorla erscheinenden gekrönten Christus geschehen, der seine Arme zur ihrem Empfang weit ausgebreitet hat und mit seiner Linken eine zweite Krone, nämlich die des Regnum Misericordiae, in Empfang nimmt, um sie seiner Mutter im Himmel aufzusetzen.

Genf – Bibliothèque Publique et Universitaire, Ms. Com. Lat. 143 fol. 162 v

Genf
Musée d'Art et d'Histoire

Genf
Musée d'Art et d'Histoire

Christus und die Muttergottes in Glorie
Dijon, um 1240, Missale aus der Augustinerabtei Saint-Etienne von Dijon (Ausschnitt)

Verkündigung – Baccio della Porta und Mariotto Albertinelli, um 1510

Der Friedensengel
Bénigne Gagneraux, 1794

Auf diesem prachtvollen Blatt eines französischen Missale von ca. 1240 huldigen Engel den beiden thronenden Himmelsfürsten. Vor dem hell schillernden, lichterfüllten Goldgrund thront oben Christus als König der Gerechtigkeit und, getrennt durch einen beschwingten Engelreigen, unten die Muttergottes als Königin der Barmherzigkeit.

Das Mysterium von Marias Einwilligung in den göttlichen Heilsplan wurde von den beiden florentinischen Renaissancemalern Baccio della Porta und Mariotto Albertinelli mit kraftvoller Expressivität vorgetragen. Demutsvoll, aber dennoch mit bestimmtem Blick wendet sich der kniende, von zwei weiteren Engeln begleitete Bote Gottes an Maria, die sich betroffen und scheu von der Lichtgestalt abwendet. Die mystische Kraft des Bildes wird verstärkt durch die Lichtregie, die die beiden Protagonisten noch zusätzlich hervorhebt. Beide Tafeln stammen von einem Altarwerk aus der Certosa von Pavia, das zu Beginn von Perugino in Angriff genommen wurde

Das von Bénigne Gagneraux 1794, ein halbes Jahrzehnt nach dem Sturm der Bastille gemalte Bild ist eine Zelebration der Freiheit. Der flink auf seinem Kampfwagen fahrende Engel ist eine allegorische Anspielung auf die fundamentalen gesellschaftlichen Umwälzungen durch die Französische Revolution. Der Engel ist erleuchteter Genius der Freiheit geworden, der mit seinem aufgeklärten Geist die durch die Pferde verkörperten tierischen Kräfte zügelt.

Italienische Schweiz

Wenn die Niederlage von Marignano (1515) schon einen Schlussstrich unter die Episode schweizerischer Großmachtpolitik setzte, hatten damals die Eidgenossen trotzdem als Gebietsherren südlich der Alpen Fuß gefasst. Dies führte zu ganz neuen Möglichkeiten der intensiven Begegnung mit der italienischen Kultur.

So ist die markante Lettnerwand der Franziskanerkirche von Bellinzona mit einem großartigen Renaissancefresko im lombardischen Stil geschmückt. Die Fresken im Innern wurden im Geist der italienischen Renaissance geschaffen. Der Lettner im Inneren ist mit einem der besten Renaissance-Bildzyklen im Kanton Tessin geschmückt.

Ligornetto
Museo Vela

Schutzengel
Vincenzo Vela, 1856

Der von Vincenzo Vela geschaffene Schutzengel aus Gips diente als Modell für das Kindergrab des allzu früh verstorbenen Tito Pallestrini (ehemals Turin, Friedhof). In Velas Interpretation erscheint der Schutzengel mit weit ausgebreiteten Flügeln, der das nach oben strebende tote Kind in seinen Händen schützend umfängt.

Campione d'Italia
Santa Maria dei Ghirli

Die Verkündigung an Zacharias
Lombardischer Meister paduanischen Einschlags, um 1350–1360

Der unbekannte Maler des Johannes-Zyklus, dem auch die Szene der Verkündigung an Zacharias angehört, dürfte paduanischer Herkunft sein, denn sein Malstil verrät unverkennbare Anklänge an den Paduaner Guariento. Er war in verschiedenen Teilen der Südschweiz, in Brione di Verzasca und in Stuls tätig. In vorliegender Szene ist es ihm gelungen, das Geschehen mit eindringlicher emotionaler Kraft ins Bild zu setzen, was sich besonders im intensiven Blickkontakt zwischen dem Himmelsboten und dem im Tempel überraschten Zacharias manifestiert hat.

Bellinzona
Santa Maria delle Grazie

Die Flucht nach Ägypten
Lombardischer Maler, um 1510–1520

Das Bild der Flucht nach Ägypten ist Teil eines groß angelegten Bilderzyklus an der Lettnerwand der 1505 geweihten Franziskanerkirche in Bellinzona. Der unbekannte lombardische

Lugano
Museo Cantonale

Die Anbetung des Kindes
Giampetrino, um 1520

Im Beisein zweier Engel betet die Heilige Familie den neugeborenen Sohn an. Das intim geschilderte Geschehen um den neugeborenen Gottessohn reflektiert die Kunst des Florentiners

Locarno
Santa Maria in Selva

Die Krönung Mariae
Lombardischer Maler, um 1400–1401

Die Fresken im Chor von Santa Maria in Selva in Locarno, die einen Marienzyklus einschließlich der hier präsentierten Marienkrönung erzählen, gehört zu den wichtigsten Zeugnissen

Graubünden

In den Schweizer Alpen mit ihren ländlichen Kantonen und verbündeten Ländern, war der Widerstand des Katholizismus bedeutend heftiger, und der Protestantismus drang nur in wenige Gebiete ein, die vom Einfluss der Städte des Mittellandes abhingen. Die religiöse Prägung des 16. Jahrhunderts auf diese Gebiete ist vor allem der katholischen Gegenreformation zu verdanken. So birgt zum Beispiel die von zwei trutzigen Türmen flankierte Klosterkirche im grünen Münstertal einzigartige Wandbilder aus karolingischer und romanischer Zeit.

Obwohl die Jahrhunderte nicht spurlos an den Fresken vorübergingen und sich ein Teil im Schweizerischen Landesmuseum befindet, sind die Bilderzyklen von Müstair Zeugnisse von europäischer Bedeutung.

Zillis
Sankt Martin

Engel als Südostwind
2. Hälfte 12. Jahrhundert

Die hier gezeigte Tafel mit dem Engel, der als Südwind in die Posaunen bläst, ist eine der 153 Holztafeln des groß angelegten Bilderzyklus der Kassettendecke von Sankt Martin in Zillis. Die Vorstellung zu dieser Darstellung gab die Geheime Offenbarung des Johannes (7,1 ff.): Danach sah ich vier Engel an den vier Ecken der Erde stehen und die vier Winde der Erde festhalten ...

Disentis
Sankt Agatha

Marienkrönung
Werkstatt der Seregnesen, gegen 1450

Elegant, aber verspielt mit zu Floskeln gewordenen Stilformen des lombardischen Gotico Internazionale hat die Werkstatt der Seregnesen den Triumph der Muttergottes, ihre Krönung zur Himmelskönigin, vor Augen geführt. Dieses feierliche Geschehen wird von den Engeln – sie erscheinen formal als Reflexe der lombardischen Buchmalerei – musikalisch mit einem höfischen Konzert untermalt.

Rhäzüns
Kirche Sankt Georg

Engel des Evangelisten Markus
Meister von Waltensburg, um 1350

Der vom Meister von Waltensburg
gemalte Engel des Evangelisten Markus
ist Teil der Dekoration des Chor-
gewölbes, in dessen vier Segmenten
je ein Evangelisten-Engel erscheint.
Die Darstellung des Markus-Engels
besticht nicht allein durch die Eleganz

Müstair
Sankt Johann

Die Taufe Christi
Stuckrelief, Ende 11. Jahrhundert

Das im ausgehenden 11. Jahrhundert
geschaffene Stuckrelief zeigt die
Taufe Christi. Trotz der ausgewogenen
Bildkonzeption gelingt es dem
Künstler, die heilige Erzählung lebendig
zu gestalten. Dies gilt vor allem für
den Täufer, der erstaunt zu den

Müstair
Sankt Johann

**Christus von den Zeichen
der Evangelisten und Engeln
umgeben** (Ausschnitt)
Fresko der zentralen Apsiswand, um 820

Der hier gezeigte Bildausschnitt
ist Teil eines Christus in Glorie inmitten
einer Engelschar und umrahmt von
den vier aus der Ezechiel-Vision
abgeleiteten Evangelisten-Symbolen.
Der Engel steht für den Evangelisten

Glossar

 Abbael: erster der 269 *Engel*, die im *Engelsalphabet* des «Reallexikons für Antike und Christentum» von J. Michl aufgelistet sind. Andere Aufzählungen beginnen mit Abaddon, dem *Engel* des Verderbens aus der Offenbarung.

Aion: geflügelter antiker griechisch-römischer Gott; Personifizierung der Zeit.

Amor: römischer Liebesgott; s. a. *Eros*.

Amoretten: römische *Eroten*.

Angeli: Mehrzahl für angelus; spätlat. «Bote, *Engel*».

Antichrist: Widerchrist; aus dem Neuen Testament übernommene Vorstellung eines Gegenspielers Christi, der vor der Wiederkunft Christi gegen das Reich Gottes auftritt, durch Christus aber schließlich überwunden wird.

Apokalypse: griech. «Enthüllung, Offenbarung». Schrift aus der Gattung der Apokalyptik, einer religiösen Geisteshaltung des Judentums, die von 200 v. Chr. bis in die frühchristliche Zeit verbreitet war. Geschaffen wurden bilderreiche Visionen über das Ende der Zeiten. Die berühmteste apokalyptische Schrift ist die «Offenbarung an Johannes», das letzte Buch der Bibel. Sie will den bedrängten Frühchristen durch die Aussicht auf die Wiederkehr Christi Trost spenden und sie gleichzeitig auf bevorstehende Gräuel vorbereiten. Sie schildert Plagen, das Gericht über Babylon *(s. a. himmlisches Jerusalem)* und die anschließende Neuschöpfung.

Apokryphen, apokryphe Schrift: Gattung christlicher Literatur, die den Anspruch auf Echtheit und Originalität erhebt, aber nicht zu den heiligen Texten gerechnet wird. Während fürs Neue Testament Einigkeit herrscht, ist die Zuordnung alttestamentarischer Schriften zu den Apokryphen bei den verschiedenen Kirchen uneinheitlich.

Apotheose: griech.; Vergöttlichung, Verherrlichung.

Apsara: indisch-asiatische «himmlische *Nymphen*».

Archangeli: Mehrzahl für archangelus; spätlat. für *Erzengel*.

Aureole: Licht- oder Heiligenschein, der, anders als der *Nimbus*, die ganze Gestalt Christi, Marias oder eines Heiligen umgibt.

B **Baruch:** Schüler und Schreiber des Propheten Jeremia. Ihm zugeschrieben wird die *apokryphe* Baruch-*Apokalypse* (100 n. Chr. entstanden), die von der Zerstörung Jerusalems berichtet.

C **Beelzebub:** s. *Satan*.

Belial: hebr. «Nichtsnutz»; spätjüdische Bezeichnung des *Satans*.

Bodhisattva: Sanskrit «Erleuchtungswesen»; buddhistisches Wesen auf dem Weg zur Erleuchtung im Nirvana. Bodhisattvas versuchen vor dem Eintritt ins Nirwana anderen Wesen zu ihrer Erlösung aus dem Geburtenkreislauf zu verhelfen.

Cherub, Mrz. Cherubim: hebr., Schutz*geist* des Alten Orients; im Christentum hierarchiehoher *Engel* in unmittelbarer Nähe von Gott, geflügelt, mit menschlichem Antlitz. Personifikation der Allmacht, Hüter des versperrten *Paradieses*, Wächter der Bundeslade und Träger des Thrones Gottes. Auf Darstellungen der *Engelshierarchie* tragen die Cherubim vier mit Augen bedeckte *Flügel*.

Chöre, neun: s. *Engelchöre*.

Christos-Angelos: Darstellung des Gottessohnes Christus als des ersten und höchsten *Engels*.

Cupido: römischer Gott der Liebe, dargestellt als geflügelter Knabe mit Pfeilbogen. S. auch *Eros*.

D **Dädalus/Daidalos:** kunstfertiger Handwerker, Erfinder und Baumeister der griechischen Mythologie. Erbauer des Labyrinths als Wohnstätte des Minotaurus. Aus der kretischen Gefangenschaft entkommt er gemeinsam mit seinem Sohn *Ikarus*. Sie verlassen die Insel mit Hilfe von selber gebauten Flugmaschinen. Während Ikarus abstürzt, landet Dädalus der Sage nach in Unteritalien.

Dämon/Daimon: griech. «Zuteiler des Schicksals»; übermenschliche, schicksalshafte Mächte, die für fast alle Krankheiten und Unglücksfälle im Leben des Menschen und für deren Abwendung verantwortlich gemacht werden. In christlicher Auffassung ist ihr Einfluss – im Gegensatz zu älteren oder anderen Kulturen – meist negativ, bilden sie eigentliche Gegenspieler zu den *Engeln*, Gehilfen des *Satans*. Mittels Exorzisten, Gebeten und kultischen Handlungen wird ihnen entgegengewirkt.

Diotima: weiblicher Vorname aus dem Griechischen, eigentlich «die Gottgeweihte»; bekannt durch Platons «Symposion» und Hölderlins «Hyperion».

Diptychon: zweiflügelige Bildtafel, in der Antike oft aus geschnitztem Elfenbein. Gemalte Formen erlangten größte Popularität im Italien des 14. Jahrhunderts.

Dominationes (Mrz.): lat. «Herrscher»; Stufe in der *Engelshierarchie*.

-el: Die Silbe -el, wie sie beispielsweise in den Namen der *Erzeng-el* vorkommt, hat eine lange und komplizierte etymologische Geschichte. Die folgenden Silben in den genannten Sprachen bedeuten «leuchten», «strahlen» oder «leuchtendes, strahlendes Wesen»: Sumerisch = EL, Alt-Walisisch = ELLU, Akkadisch = ILU, Alt Irisch = AILLIL, Babylonisch = ELLU, Englisch = ELF, Angelsächsisch = AELF.

Elfen: Zaubergeister der germanischen Mythologie von vielfältiger Gestalt und mit unterschiedlichsten Aufgaben.

Elia: Die Himmelfahrt Elias im feurigen Wagen im 2. Buch der Könige ist der Fahrt des Helios nachgezeichnet und symbolisiert die Unsterblichkeit der *Seele*.

Endgericht: s. *Jüngstes Gericht*.

Engel: von griech. angelos; Bote, Verkünder und Diener Gottes, Söhne Gottes; vor allem in monotheistischen Religionen Mittelwesen zwischen Gott und Menschen, bieten sie Menschen und Völkern Schutz und Hilfe. Begleiter Christi beim *Endgericht*. Anbeter Gottes. Personifikation des göttlichen Willens in der Gestalt aus Licht, Äther oder Feuer (Ostkirche, griech. Ikonen). Zur Abgrenzung gegenüber antiken, nichtchristlichen Traditionen wurden Engel bis ins 4. Jahrhundert fast ausschließlich ohne *Flügel* dargestellt.

Engelchöre/neun Chöre: Gliederungselement in der *Engelshierarchie*.

Engelkonzert: s. *Sphärenharmonie*.

Engelsalphabet: lexikalische Aufzählung von Engelsnamen.

Engelshierarchie: eine vom Theologen Pseudo-Dionysius Areopagita gegen 500 auf der spätjüdischen Theologie entwickelte Himmelsordnung, die während des Mittelalters verbreitet war und die *Engel* in neun sogenannte *Chöre* einteilte. Vgl. Kapitel «Die Hierarchie der Engel».

Engelsturz: Wandel vom guten zum bösen *Engel*, versinnbildlicht durch den Sturz, das Niederfahren in die *Hölle*.

Engelsystematik: s. *Engelshierarchie*.

Eos: griechische Göttin der Morgenröte, Schwester des *Helios* und der Selene.

Eros: griechischer Gott der sinnlichen Liebe, entspricht dem römischen *Amor* oder *Cupido*. Ursprünglich als Urprinzip bei der Weltentstehung, ging Eros seit der Zeit des Hellenismus als niedlicher, nackter, geflügelter oder ungeflügelter, aber auch als koketter, schalkhafter Knabe in Literatur und bildende Kunst ein. Eros/Amor wird oft mit Pfeil und Bogen, allein oder als Begleiter der Aphrodite/Venus dargestellt.

Eroten: geflügelte Liebesgötter der hellenistischen und römischen *(Amoretten)* Kunst, meist in Kindergestalt, oft mit Tieren oder Spielzeugen, bei der Wein- und Getreideernte oder ähnlichen Handlungen abgebildet. Vorbilder für die *Putten* der Renaissance und des Barock.

Erzengel: Stufe der *Engelshierarchie*, «Fürsten» unter den *Engeln* mit besonderen Funktionen. Die wichtigsten drei Erzengel sind: 1) *Michael*, der ranghöchste christliche Erzengel, Krieger, Überwinder des Teufels und Seelenwäger im *Jüngsten Gericht*; 2) *Raphael*, der Beschützer und Begleiter guter und leidender Menschen, und 3) *Gabriel*, der Verkündigungsengel. Als vierter und letzter von der Kirche anerkannter Erzengel wird oft *Uriel* genannt, als Engel, der am Grab Christi erschien. Durch Einflüsse der babylonischen Astronomie und der spätjüdischen Theologie wurde später die Zahl der Erzengel auf sieben und mehr erhöht. Häufige Namen der weiteren Erzengel sind: Remiel, Sariel, Anael, Raguel, Raziel und Metatron.

Feen: meist gütige weibliche *Geister*, die in der altfranzösischen Dichtung und im Märchen eine große Rolle spielen und auf die antiken Schicksalsgöttinnen und Figuren der keltischen Mythologie zurückgehen.

Fegefeuer: lat. purgatorium. In der Vorstellung der katholischen Kirche wird der Mensch, der in der Gnade Gottes stirbt, durch die Sühnetat Christi im Fegefeuer – von mittelhochdeutsch vegen, «reinigen» – nach seinem Tod geläutert. Das Feuer als Symbol für das Erleuchtete, Reinigende, Erneuernde, Fruchtbare oder für Gott selbst gehört zu den wichtigsten christlichen Symbolen.

Fetisch: Bezeichnung für einen Gegenstand, der durch einen in ihn gelegten Zauber schützend oder helfend wirken soll.

Flügel: häufiges Attribut der *Engel* seit dem 4. Jahrhundert. Auf Darstellungen der *Engelshierarchie* tragen die *Cherubim* vier mit Augen bedeckte, die *Seraphim* sechs Flügel. Ebenfalls geflügelt dargestellt wird oft Johannes der Täufer als Verkünder des Messias und Thomas von Aquin (mit dem Beinamen doctor angelicus). Fledermausflügel weisen auf den *Satan* oder auf *Dämonen* hin.

Fürstentum: spätlat. principatus; Stufe im untersten Drittel der *Engelshierarchie*.

Gabriel: *Erzengel*, der Daniel die Bedeutung seiner Visionen erläuterte, Zacharias die Geburt Johannes des Täufers und Maria die Geburt Christi verkündete. Im nachbiblischen jüdischen Schrifttum der Straf- und Todesengel. Im Islam gilt Gabriel *(Jibril)*, als der höchste Engel, von dem Mohammed seine Offenbarung empfing.

Gandharva: Sanskrit «Himmelsmusiker»; indischer Halbgott, oft in Tiergestalt mit menschlichem Kopf dargestellt, himmlischer Sänger und Musikant.

Gebetbuch: neben den liturgischen Büchern entstandene Gebetssammlungen der katholischen Kirche, ursprünglich für den Hausgebrauch, später auch in der Messe benutzt.

Gefallene Engel: durch den *Engelsturz* zu bösen Engeln, widergöttlichen Kräften gewordene Wesen der *Hölle*.

Geist: selbstständige numinose Wesen im Glauben vieler Religionen, die den Zwischenbereich zwischen Göttern und Menschen bilden. Immateriell, Hauchwesen, von menschlicher, tierischer Gestalt oder als Fabelwesen oder Gegenstand sichtbar; ihre Macht ist oft auf einen bestimmten Bereich beschränkt.

Genius (Mrz. Genien): lat. *Schutzgeist*, der den Menschen durch sein Leben begleitet oder eine Örtlichkeit beschützt; in der Zeit der Renaissance und des Barock oft in ähnlicher Gestalt wie die *Eroten* und *Putten* dargestellt.

Gericht, Jüngstes: s. *Jüngstes Gericht*

Gewalt: lat. potestas; Stufe im mittleren Drittel der *Engelshierarchie*.

Hades: ursprünglich griechischer Gott der Unterwelt, Bruder von Poseidon, dem Herrscher über das Meer, und Zeus, dem Gebieter über Himmel und Erde. Hades herrscht gemeinsam mit seiner Gattin Persephone im ewigen Dunkel über die Schatten der Toten. Später wird Hades zur Bezeichnung für die *Unterwelt* überhaupt.

Harmonia: griech. «Fügung, Ordnung»; Übereinstimmung, Einklang, Eintracht, Ebenmaß; Aussöhnung von Gegensätzen einzelner Teile aufgrund einer übergeordneten Gesetzmäßigkeit, beispielsweise die universalen mathematisch-musikalischen Strukturen der *Sphärenharmonie* des Pythagoras.

Helios: griechischer Sonnengott, Gott des Lichtes, der Wahrheit und Garant der Ordnung. Helios lenkt seinen von vier feuerschnaubenden Rossen gezogenen Wagen jeden Tag vom Ostrand zum Westrand der Erde.

Henoch: biblischer Patriarch, Nachkomme Adams. Henoch lebte gemäß der Überlieferung 365 Jahre, «wandelte mit Gott», wurde ohne Tod von ihm hinweggenommen und damit zum Beispiel für die Kraft des Glaubens, seine Geschichte zur Himmelfahrt. Die jüdisch-christliche Tradition sieht in ihm den Erfinder der Schrift und der Einteilung der Zeit in Monate und Jahreszeiten.

Henochbücher: drei *apokryphe Apokalypsen*, die unter der Verfasserschaft des *Henoch* in Umlauf gesetzt wurden und in denen die Gestalt Henochs eine wesentliche Rolle spielt.

Hermes: griechischer Gott (der römische Merkur) des sicheren Geleits, Götterbote, Patron der Wanderer, Hirten, Kaufleute und Schelme, Glücks- und Gewinnbringer. Hermes wird mit Reisehut oder Flügelhelm, Flügelschuhen und dem Heroldsstab oder einem Zauberstab, mit dem er einschläfern und Träume bringen kann, dargestellt.

Herrschaft: lat. dominatio; Stufe im mittleren Drittel der *Engelshierarchie*.

Hierarchie: s. *Engelshierarchie*.

Himmel: in mehreren Religionen als Stätte des Überirdischen, Transzendenten verstandener Bereich. Häufig sind die Vorstellungen des Himmels als Zeltdach, als Kuppel, als Scheibe oder als ein in mehrere Sphären gegliedertes Gewölbe wie bei Dante.

Himmelselfen: s. *Elfen*.

Himmlische Chöre: s. *Engelchöre*.

Himmlische Ordnung: s. *Engelshierarchie*.

Himmlisches Jerusalem: s. *Jerusalem, Himmlisches*.

Hiob: Gestalt des nach ihm benannten Buches des Alten Testaments. Das Buch, das eine alte Legende neu fasst, gilt als eines der bedeutendsten Werke der Weltliteratur. Hauptthemen sind die Erprobung der Frömmigkeit, die Prüfung des Frommen durch Unglücks(Hiobs-)botschaften und die Frage der Gerechtigkeit Gottes.

Hölle: germanisch Hel; christliche, wesentlich vom Mittelalter geprägte Bezeichnung für den Herrschaftsbereich des *Satans*, der unterweltlichen *Dämonen* und die Behausung der im *Jüngsten* Gericht nicht erlösten Toten, die die Strafe der Verdammnis erleiden. Symbol für Tod und selbstverschuldete absolute Gottesferne, oft als Rachen, lodernder Flammenort, Drachenschlund oder Höllenberg dargestellt.

Ikarus: Sohn des *Dädalus*; stürzt mit seiner Flugmaschine ab, weil er so nah an die Sonne heranfliegt, dass das Wachs, das seine *Flügel* zusammenhält, sich auflöst; Symbol für den grenzenlosen Ehrgeiz des Menschen.

Ikone: von griech. eikon «Bild», «Abbild». Transportables, meist auf Holz gemaltes Kultbild der Ostkirchen.

Inferno: Unterwelt, *Hölle*, Ort eines entsetzlichen Geschehens.

Ischtar: babylonisch-assyrische Göttin der Liebe.

Isis: ägyptische Göttin, Schwestergemahlin des *Osiris* und Mutter des Horus.

Jahwe: hebräischer Name des Gottes Israels.

Jenseits: religiös begründete Vorstellung von einem Lebensbereich, der die sichtbare Welt ergänzt, übersteigt oder ihr als unvergleichbare Gegenwelt gegenübersteht; oft Wohnsitz der Götter, der auferstandenen Toten oder der *Seelen* der Verstorbenen.

Jerusalem, Himmlisches: in der «Offenbarung des Johannes» ausführlich beschriebene himmlische Stadt mit zwölf Toren und einem quadratischen Grundriss; Symbol für Freiheit und Gemeinschaft der Christen, beliebtes Sujet in Architekturentwürfen, in der Malerei, der Steinmetzkunst und im Kunsthandwerk des Mittelalters; im Kontrast dazu das biblische Babylon, ein Synonym für Rom, den Inbegriff der großen, aber verderbten und verderbenbringenden Stadt.

Jibril: s. *Gabriel*.

Jüngstes Gericht: Unterscheidung von gerechten und ungerechten Menschen, von sogenannten Schafen und Böcken. In Islam, Spätjudentum und Christentum verbreitete Vorstellung eines endzeitlichen Gerichtsaktes, an dem über die sittlich-religiöse Lebensführung der Menschen gerichtet wird.

Kanon, kanonische Schriften: canon, lat. «Regel, Richtschnur»; Gesamtbestand der von der jeweiligen Kirche als heilige Schriften anerkannten Bücher. Während für das Neue Testament Übereinstimmung herrscht, gibt es bei den alttestamentlichen Büchern noch unterschiedliche Auffassungen.

Kerub: s. *Cherub*.

Kinderengel: in Kindergestalt dargestellte Engel; siehe auch *Eroten* und *Putten*. Kinder symbolisieren in der christlichen Kultur oft etwas Unschuldiges, Reines; es haftet ihnen noch etwas Paradiesisches, ursprünglich Gottesnahes an.

Kraft: lat. virtus; Stufe im mittleren Drittel der *Engelshierarchie*.

Lichtgestalt, Lichtwesen: Gestalt aus Licht. Das Licht spielt eine vielfaltige Rolle in der christlichen Symbolik: als Ordner des Chaos in der Schöpfungsgeschichte, als Attribut Gottes («Gott ist Licht, und in ihm ist keine Finsternis»), als Ausdruck des Guten, als «innerer Wert» (die Erleuchtung). Starker Ausdruck der Lichtsymbolik ist die *Mandorla*.

Luzifer: lat. «ans Licht bringend, Lichtbringer»; in der römischen Mythologie der Sohn der Morgenröte, der Morgenstern. Später wird Luzifer als *gefallener Engel* mit *Satan* gleichgesetzt.

Macht: lat. virtus «Kraft, Stärke»; Stufe im mittleren Drittel der *Engelshierarchie*.

Mahayana: in den ersten nachchristlichen Jahrhunderten entstandene Richtung des Buddhismus, die vor allem in Nordindien, Tibet, Zentralasien und China heimisch war und von dort nach Korea und Japan gelangte.

Mandorla: griech./ital. «Mandel»; mandelförmiger Lichtschein, der auf mittelalterlichen Kunstwerken Christus und Maria umgibt und das im Äußeren nicht ersichtliche wesentliche Innere versinnbildlicht.

Michael: hebr. «wer ist wie Gott?»; im Alten Testament der Beschützer Israels; in der katholischen Kirche als höchster der *Erzengel* verehrt. Bekämpft als Anführer der himmlischen Heerscharen den Satan und ist Schutzpatron der Soldaten; wird auch als Seelenwäger im *Jüngsten Gericht* dargestellt.

Monstranz: liturgisches Gefäß zur Darbietung der Hostie während der Eucharistiefeier in der katholischen Kirche.

Nike: Personifikation des Sieges in der griechischen Mythologie. Vgl. die römische *Victoria*. Berühmt wurde die Darstellung der Nike von Samothrake, 190 v.Chr. geschaffen.

Nimbus: Heiligenschein; Lichtschein, der den Kopf einer heiligen Person umgibt.

Nirwana: Sanskrit «erlöschen, verwehen»; buddhistische Vorstellung des Überwindens der Last des (irdischen) Daseins, der Lebensbegierde. Ein Zustand, der schon zu Lebzeiten erlangt werden kann, bevor der Erlöste durch den Tod ins vollkommene Nirwana eintritt und dadurch dem verhaltensbedingten Gesetz der Wiedergeburt entzogen wird.

Nymphen: anmutige weibliche Natur*geister* der griechisch-römischen Mythologie. Es gibt u.a. Meeres-, Wasser-, Berg-, Wald- und Baumnymphen.

Osiris: ägyptischer Totengott; s.a. *Isis*.

Paradies: altpersisch/hebräisch «Gehege». Die christliche Paradiesvorstellung beinhaltet die alttestamentliche Beschreibung des Gartens Eden, der Schöpfungswelt vor dem Sündenfall, die spätjüdische Enderwartung, die mit dem Berg Zion verknüpft war und die Endzeitvisionen der «Offenbarung des Johannes» von den Erwählten im Himmel vor dem Thron Gottes. Das Paradies ist eine weltweit verbreitete Vorstellung von einer Stätte der Ruhe, des Friedens und des Glücks, in der Naturgaben im Überfluss vorhanden sind und die Tierwelt in friedlicher Eintracht lebt, die entweder ursprünglichen Bestand hatte oder in einer Endzeit erwartet wird.

Patrick: irischer Missionar und Apostel (385–461). Die kulthafte Verehrung Patricks war im Mittelalter weit verbreitet. Der St. Patrick's Day ist bis heute der irische Nationalfeiertag.

Paulusapokalypse: Name von zwei *apokalyptischen* Schriften, von denen eine um 380 entstand und die Beschreibung einer Reise des Apostels Paulus ins Jenseits enthält.

Potestas: lat. «Macht, Gewalt»; Stufe im mittleren Drittel der *Engelshierarchie*.

Principatus: spätlat. «Würde, Fürstentümer»; Stufe im untersten Drittel der *Engelshierarchie*.

Psyche: griech. «Seele». In der personifizierten griechischen Form wurde die Psyche, oft erkennbar an ihren Schmetterlingsflügeln, dem Mythos gemäß *Eros* zur Gespielin gegeben. Im christlichen Denken wurde dieser Mythos zum Symbol für die Liebe zum einzigen wahren Gott, die die Seele des Menschen überwältigt.

Psychopompos: griech. «Führer der Seelen», Geleiter der *Seelen* nach dem Tod; eine Aufgabe, die bei den Griechen von *Hermes* übernommen wurde.

Purgatorium: spätlat. «Fegefeuer».

Putten/Puti: lat. putus «Knabe». Nach dem Vorbild der antiken *Eroten* und der gotischen *Kinderengel* entstandene nackte, oft geflügelte Knaben in Malerei und Plastik; vom 15. bis 19. Jahrhundert stark verbreitet, besonders in Kirchenausstattungen des Rokoko.

Raphael: Erzengel der katholischen Kirche, der lediglich in einem Buch der Bibel erwähnt ist; Beschützer, Begleiter und Heiler guter und kranker Menschen sowie der Reisenden.

Satan: hebr. «Widersacher, Gegner»; im Alten Testament der Gegner im Krieg und vor Gericht, später der Zweifler, Ankläger und Widersacher Gottes und schließlich der Versucher und Verführer schlechthin. Im nachbiblischen Judentum ist er die personifizierte widergöttliche Macht, der *Teufel*, der *Belial*, der *Beelzebub* und damit das Haupt der *Dämonen*.

Scheol: hebr., alttestamentlicher Name fürs Totenreich, die *Hölle*.

Schutzengel: nach jüdischem, islamischem und christlichem Glauben ein dem Menschen zum Schutz beigegebener *Engel*, vergleichbar mit den antiken *Genien*. Die christliche Verehrung der Schutzengel ist seit dem 9. Jahrhundert nachweisbar.

Seele: das geistige, lebensspendende Prinzip, der unsterbliche Teil des Menschen, schon in der griechischen Antike, aber auch im Christentum oft als kleines Flügelwesen oder als Vogel (Taube) dargestellt. Als wichtiges Phänomen der Philosophie und der Psychologie des 19. und beginnenden 20. Jahrhunderts wird «Seele» heute kaum noch als wissenschaftlicher Begriff verwendet.

Seelenwaage: Hilfsmittel, das im *Jüngsten Gericht* benutzt wird, um die guten von den schlechten Seelen zu unterscheiden. Seelenwäger ist Christus oder der Erzengel *Michael*.

Seraph (Mrz. Seraphim): hebr.; sechsflügliges himmlisches Wesen, das Gott umschwebt. Die Seraphim gehören zusammen mit den *Cherubim* zu den ranghöchsten *Engeln* in der Engelshierarchie.

Sol: römischer Sonnengott; entspricht dem griechischen *Helios*.

Sphärenmusik, Sphärenharmonie: die mathematische Entsprechung von Bewegungen und Entfernungen der Himmelskörper zu den Grundlagen des musikalischen Systems. Auf die Pythagoreer zurückgehend, spielte diese Vorstellung bei Platon und Aristoteles wie im europäischen Mittelalter eine wichtige Rolle. Mit zunehmendem Empirismus in der Philosophie und in der Musiktheorie verlor sie an Bedeutung.

Stigmatisation: plötzliches Auftreten der Leidensmale Jesu am Körper eines lebenden Menschen, oft begleitet von ekstatischem und visionärem Verhalten.

Tempera: Technik der Malerei, die vor der Entwicklung der Ölfarben verbreitet war.

Tetramorphe: Viergestalt; von babylonischen Bildern geprägte Vorstellung von den vier Lebewesen Löwe, Kalb, Mensch, Adler, die beim Thron Gottes stehen, sechs mit Augen besetzte *Flügel* tragen und Gott loben. Die Kirchenväter brachten diese Vorstellung mit den vier Evangelisten in Verbindung, und da Christus der Inhalt der Verkündigung der Evangelisten ist, kann der Tetramorph ein Christussymbol sein.

Teufel: von griech. diabolos; Personifizierung aller Kräfte, die Verwirrung, Dunkelheit, Tod bringen und die Person des Menschen desintegrieren; Widersacher Gottes im Kampf um den Menschen, den er der Gnade Gottes entziehen möchte, um ihn unter seine Herrschaft zu stellen. Die Existenz des Teufels wird in legendären Erzählungen zurückgeführt auf den Erzengel *Luzifer*, der sich dem Heilsplan Gottes mit den Menschen widersetzte und daraufhin mit den ihm folgenden *Engeln* in die *Unterwelt* gestürzt wurde. In Darstellungen des Mittelalters oft mit Hörnern, Vogelkrallen, Bocksbeinen, *Flügeln*, Hufen oder Schwanz abgebildet. In der christlichen Literatur verbreitet ist die Idee des Teufelspaktes, in dem der Mensch auf Kosten seiner ewigen Seligkeit vom Teufel ersehnte zeitliche Güter erhält.

Thron/Thronengel Gottes: *Engel*, die zusammen mit den *Cherubim* und *Seraphim* das oberste Drittel der *Engelshierarchie* bilden.

Tobias: Figur aus der gleichnamigen alttestamentlichen Schrift, in der die Geschichte der Heilung des alten Tobias durch den jungen Tobias erzählt wird. Tobias heilt seinen Vater mit Hilfe einer Fischgalle, die er von einer Reise in Begleitung des Erzengels Raphael mitbringt.

Triade: Dreizahl; Bezeichnung für eine Dreiergruppe von Gottheiten bzw. gottähnlichen Wesen; Einteilungsstruktur in der *Engelshierarchie*.

Trinität: Dreifaltigkeit; Gottvater, Christus und Heiliger Geist als einziger Gott in drei Personen.

Unterwelt: s. Hölle.

Uriel: hebr. «mein Licht ist Gott»; vierter *Erzengel*, in den *kanonischen Schriften* nicht erwähnt, mit großer Bedeutung in der jüdischen und kabbalistischen Tradition.

Victoria Romana: vergöttlichte Personifikation des Sieges in der römischen Antike.

Virtus (Mrz. Virtutes): lat. «Kraft, Stärke, Macht»; Stufe im mittleren Drittel der *Engelshierarchie*.

Weltgericht: s. *Jüngstes Gericht*.

Zarathustra: persischer Prophet zwischen 1000 und 600 v.Chr.

Zizaubio: letzter der 269 Engel, die im *Engelsalphabet* des «Reallexikons für Antike und Christentum» von J. Michl aufgelistet sind.

Menschliche Flügelwesen der Weltkulturen

	3000–500 v. Chr.	500 v. Chr.–300 n. Chr.	300–2000 n. Chr.
Ägypten	Isis (Totengöttin), Gericht, Seelenwaage. Wandmalereien, Reliefs, Goldschmiedekunst.		
Sumer	Ischtar, Göttin der Liebe. Rollsiegel, Reliefs		
Babylonien – Assyrien	Hauptgöttin Ischtar, Götter als Mischwesen. Steinreliefs.		
Iran	Zoroastrismus: Fravashi (Schutzengel), Probebrücke. Schrifttum.		Chamsa des Nizami (1174-1209) Miniaturen 17 Jh.
Israel	Pentateuch (5 Bücher Moses), Propheten Jesaja, Ezechiel Psalmen. Engel als Boten Gottes. Schrifttum.	Henochbuch, Buch der Jubiläen, Himmelsvisionen. Erzengel, Luzifer, Engelsturz. Schrifttum.	
Griechenland		Geflügelte Götter: Eros, Psyche, Hebe, Hermes, Nike u. a. Nike von Samothrake, um 190 v. Chr. Windpersonifikationen. Dichtung, Skulptur, Malerei.	
Rom		Geflügelte Götter und Genien: Amor, Psyche, Merkur, Victoria, Aion. Dichtung, Skulptur, Malerei.	
Christentum		Übernahme des Alten Testamentes, Evangelien, Neues Testament, Apokalypsen. Schrifttum. Genien in der Grabeskunst, Sarkophage, Malereien.	Engel in der Grabeskunst (AT-Szenen). Engel und Erzengel in Fresken und Mosaiken. Kirchenväterliteratur. Siegesengel, Seelenwaage, Jüngstes Gericht, Schutzengel, Christkind. Schrifttum, Skulptur, Malerei, Buchkunst, Musik.
Islam			Engel Jibril (Gabriel) weiht Mohammed in Koran ein. Schrifttum. Himmelfahrt des Propheten mit Engeln, Schutzengel («Berichterstatter-Engel»). Türkische Miniaturen, 16.–17. Jh.
Indien	Hinduistische Apsaras.	Buddhistische Apsaras. Moguidynastie (1526-1646). Miniaturen.	Engel unter europäischem Einfluss (Mission).
China	Gou Mang (mit Vogelleib) und Ru Shou: Sendboten des Himmelsgottes. Schrifttum: Guo Yu	Gou Mang und Ru Shou als Engel auf Totenfahne (Mawangdui). Buddhistische Apsaras. Gandharvas (Fresken).	Apsaras, Gandharvas, Bodhisattvas (können als flügellose Schutzengel betrachtet werden).
Japan			Geflügelte Tänzer, Bugatu-Tänzer (17.–18. Jh.).

Bibliographie

Literatur zu den Beiträgen von Anton von Euw

BEHRINGER W., OTT-KOPTSCHALIJSKI C., *Der Traum vom Fliegen. Zwischen Mythos und Technik*, Frankfurt a.M. 1991.

BERGER K., *Henoch*, in: *Reallexikon für Antike und Christentum 14*, 1988, 473-545.

BRIEGER P., MEISS M., SINGLETON CH.S., *Illuminated Manuscripts of the Divine Comedy*, Princeton 1969.

BRUNHÖLZL F., *Geschichte der lateinischen Literatur des Mittelalters I*, München 1975, S. 467-470 (Übersetzung der Schriften des Pseudodionysius Areopagites).

CACCIARI M., *Der notwendige Engel*, Klagenfurt 1987.

COURCELLE P., *Flügel (Flug) der Seele I*, in: *Reallexikon für Antike und Christentum 8*, 1972, 66-73.

DANIELOU J., *Les anges et leur mission: d'après les Pères de L'Église*. Irénikon N.S. 5, Chevetogne 1952.

DANTE ALIGHIERI, *Die Göttliche Komödie*, übertragen von Wilhelm Hertz G., Frankfurt a.M. – Hamburg 1955.

DIONYSIUS AREOPAGITA, *Angebliche Schriften über die beiden Hierarchien* (Bibliothek der Kirchenväter 2), Kempten – München 1911.

ELIADE M., *Geschichte der religiösen Ideen 1. Von der Steinzeit bis zu den Mysterien von Eleusis*, Freiburg, Basel, Wien 1993, S. 87 ff., 279 ff.

ERIGENA JOHANNES SCOTUS, *Expositiones in hierarchiam coelestem (Corpus Christi anorum 31)*, Turnhout 1975.

FREEDEN J. (VON), *Horologium Kyrrkeston. Studien zum sogenannten Turm der Winde in Athen (Archaeologica 29)*, Rom 1983.

FRÖHLICH A.-M. (Hrsg.), *Engel, Texte aus der Weltliteratur*, Zürich 1992.

GOETHE J. W., *Faust* (Goethes Werke, hrsg. von E. Merian-Genast, Bd.3), Basel 1944, S.10 ff., 354 ff.

GODWIN M., *Engel. Eine bedrohte Art*, Frankfurt 1990.

GIOVETTI P., *Engel, die unsichtbaren Helfer der Menschen*, Genf/München 1991.

HAMMERSTEIN R., *Die Musik der Engel*. Untersuchungen zur Musikanschauung des Mittelalters, Bern und München 1962.

HENNECKE E., SCHNEEMELCHER W., *Neutestamentliche Apokryphen* in deutscher Übersetzung, Tübingen 1959.

HÖLSCHER T., *Victoria Romana. Archäologische Untersuchungen zur Geschichte und Wesensart der römischen Siegesgöttin von den Anfängen bis zum Ende des 3. Jhs. n. Chr.*, Mainz 1987.

KAUTZSCH E. (Hrsg.), *Die Apokryphen und Pseudoepigraphen zum Alten Testament* (in deutscher Übersetzung, Tübingen 1900-1921, Nachdruck Hildesheim, New York 1975.

KLAUSER TH., *Engel X (in der Kunst)*, in: *Reallexikon für Antike und Christentum 5*, 1962, 258-322.

Kötzsche-Breitenbruch L., *Der bärtige Engel*, in: *Die Fresken der neuen Katakombe an der via Latina (Jahrbuch für Antike und Christentum, Ergänzungsband 4)*, Münster 1976, S. 97-102, Taf. 28.

McCALL H., *Mesopotanische Mythen*, Stuttgart 1993.

MEINHARDT H., *Pseudodionysius Areopagites*, in: *Lexikon des Mittelalters 3*, 1987, 1079-1087.

MELLINKOFF R., *The Devil at Isenheim. Reflections of Popular Belief in Grünewald's Altarpiece*, Berkeley – Los Angeles – London 1988.

MICHL A., *Engel II (jüdisch), Engel IV (christlich), V (Engelnamen)*, in: *Reallexikon für Antike und Christentum 5*, 1962, 60-239.

OCHSNER B., *Die Einsiedler Kleinplastiker des 18. und 19. Jahrhunderts. Schriften des Vereins «Fürs Chärnehus»*, Einsiedeln 1989.

OSTEN G. (VON DER), *Engelpietà*, in: *Reallexikon zur Deutschen Kunstgeschichte 5*, 1967, 601-621.

PLATON, *Sokrates im Gespräch. Vier Dialoge, Nachwort und Anmerkungen von B. Snell*, Frankfurt a. M. – Hamburg 1953.

ROSENBERG A., *Engel und Dämonen. Gestaltwandel eines Urbildes*, München 1967.

SCHIPPERGES H., *Die Welt der Engel bei Hildegard von Bingen*, Salzburg 1963.

STUBBE E., *Die Wirklichkeit der Engel in der Literatur, Kunst und Religion (Hamburger theologische Studien 10)*, Hamburg 1994/1995.

TRITSCH W. (Hrsg.), *Dionysius Areopagita. Mystische Theologie und andere Schriften, aus dem Griechischen übersetzt, mit Einleitung und Kommentar versehen*, München – Planegg 1956.

UHLIG S., *Das äthiopische Henochbuch*, Gütersloh 1984.

VOGT E., *Jubiläenbuch*, in: *Lexikon für Theologie und Kirche 5*, 1960, 1148-1149.

VORGRIMMLER H., *Geschichte der Hölle*, München – Zürich 1993.

WEIDINGER E., *Die Apokryphen. Verborgene Bücher der Bibel*, Aschaffenburg 1985.

WEITZMANN K., GALAVARIS G., *The Monastery of Sainte Catherine at Mount Sinai. The Illuminated Greek Manuscripts*, Vol. 1, Princeton 1990.

WESSEL K., *Kanontafeln*, in: *Reallexikon zur byzantinischen Kunst 3*, 1978, 965 f.

WIRTH K.-A., *Engel*, in: *Reallexikon zur Deutschen Kunstgeschichte 5*, 1967, 341-555.

WIRTH K.-A. und R. BAUERREISS, *Engelweihe*, in: *Loc. cit. 5*, 1967, 675-684.

WIRTH K.-A., *Engelchöre*, in: *Loc. cit. 5*, 1967, 555-601.

WIRTH K.-A., *Engelsturz*, in: *Loc. cit. 5*, 1967, 621-674.

WOLSKA-CONUS W., ed., Cosmas Indicopleustes. *Topographie chrétienne (Sources chrétiennes 141, 159, 197)*, Paris 1968-1973.

Literatur zu den Beiträgen von Gaudenz Freuler

BERNROSE S., *Dante's angelic intelligences*, London 1984.

BINSKI P., *Medieval Death*, London 1996.

BREIGER P., MEISS M., SINGLETON CH. S., *Illuminated Manuscripts of the divine Comedy*, Princeton 1969.

CICCARESE M., *Visioni dell' Aldilà in Occidente*, Florenz 1987.

DAVIDSON C., *The iconography of Heaven*, Kalamazoo 1994.

DINZELBACHER P., *Visionen und Visionsliteratur im Mittelalter*, Stuttgart 1981.

FREULER G., *L'allegoria dell'oltretomba*, in: *Biagio di Ghoro Ghezzi a Paganico*, Florenz 1986, S. 80-94.

GRIMM R., *Paradisus coelestis – Paradisus terrestris*, München 1977.

Himmel, Hölle, Fegefeuer. Das Jenseits im Mittelalter, Zürich 1994.

HUGES R., *Heaven and Hell in Western Art*, London 1968.

KRETZENBACHER L., *Die Seelenwaage*, Klagenfurt 1968.

GOFF J. LE, *Die Geburt des Fegefeuers*, aus dem Französischen übersetzt von Ariane Forkel, Stuttgart 1984.

MICHEL A., *Purgatoire*, in: *Dictionnaire de Théologie Catholique, 13/1*, 1935, Sp. 1163-1326.

MORGAN A., *Dante and the Medieval Other World*, Cambridge 1990.

RUEGG A., *Die Jenseitsvorstellungen vor Dante und die übrigen literarischen Voraussetzungen der Divina Commedia*, Einsiedeln 1945.

SCARAMELLA P., *Le madonne del Purgatorio: iconografia e religione in Campania tra rinascimento e controriforma*, Genua 1991.

SEIDEL M., *Ubera Matris, die vielschichtige Bedeutung eines Symbols in der mittelalterlichen Kunst*, in: *Städel Jahrbuch, n.s. 6*, 1977, S. 41–98.

SEYMOUR J. D., *Early Irish visions*, London 1930.

STUIBER A. u. a., *Jenseitsvorstellungen in Antike und Christentum. Gedenkschrift für A. Stuiber*, Münster 1982.

Literatur zum Beitrag von Jean-Pierre Voiret

BRINKER H., *Kunstschätze aus China*. Katalog, Zürich 1980.

CHANG S. u. a, *Die Höhlentempel von Dunhuang*, Stuttgart 1982.

FRANKE W., Hrsg., *China Handbuch*, Düsseldorf 1974.

GLASENALP H. V., *Die fünf Weltreligionen*, Zürich 1972.

HOUTSMA M. TH. u. a., Hrsg., *The Encyclopedia of Islam*, Leiden 1913-38. Kollektiv, Changscha Mawangdui yihao Hanling, Beijing 1973.

MASPERO H., *Les religions chinoises*, Paris 1950.

MEDLEY M., *A Handbook of Chinese Art*, London 1973. Die klassische chinesische Mythologie, Stuttgart 1976.

NETTON IAN R., *A popular dictionary of Islam*, London 1992.

PIOTROVSKY M., Ed., *Lost empire of the Silk Road*, Katalog, Milano 1993.

SECKEL D., *Kunst des Buddhismus*, Baden-Baden, 1990.

SILVA A. DE, *Chinesische Landschaftsmalerei*, Zürich 1964.

VOIRET J.-P., *Reich der errichteten Tugend*, in: *Orientierung, Bd. 44*, Nr. 20f., Zürich 1980.

ULMANN L., Trad., *Der Koran*, München 1959.

CREDIT SUISSE

Ein besonderer Dank gebührt der CREDIT SUISSE für die zur Verfügung gestellten Daten aus dem Katalog *Engel*, der 1999 anlässlich einer Ausstellung in der Galerie Le Point am Paradeplatz in Zürich erschienen ist.

Danken möchten wir auch John Schoch für seine wertvolle Mithilfe im Anfangsstadium dieses Projekts.

MONDO

Engel
in der Schweiz und überall
Idee und Konzeption: Mondo-Verlag

Direktion: Arslan Alamir

Konzeptionelle und herstellerische Leitung:
Pierre Du Pasquier

Graphische Gestaltung:
Mondo-Verlag AG, Vevey

Korrektorat: Willi Stolz, Vevey

Satz: Mondo-Verlag AG, Vevey

Druck: Stämpfli AG, Bern

Photolithos: Ast+Jakob AG, Köniz

Bucheinband:
Buchbinderei Burkhardt AG, Monchaltorf

Papier: Rochat Papiers SA, Nyon

Mondo-Verlag AG
Passage Saint-Antoine 7
1800 Vevey
Telephon 021 924 14 50

© 2002 by Mondo-Verlag AG, Vevey

Alle Rechte vorbehalten
Gedruckt in der Schweiz
ISBN 2-8320-0343-5

Bildnachweis

Seite

1	Foto Scala, Florenz
2/3	Foto Scala, Florenz
4	Foto Scala, Florenz
5	Foto Scala, Florenz
6/7	AKG Photothèque, Paris
8	Artini, Luigi, Florenz
9	The Matthiesen Gallery, London
10	Artini, Luigi, Florenz
11	Bibliothèque Nationale de France, Paris
13	Artini, Luigi, Florenz
14	Musei Civici, Museo Bottacin, Padova (2)
15	AKG Photothèque, Paris
16	AKG Photothèque, Paris
17	Musei Civici, Padova
18	AKG Photothèque, Paris
19	AKG Photothèque, Paris
20	AKG Photothèque, Paris
21	Musei Civici, Padova
22	Freuler, Gaudenz, Grüningen
23	Réunion des Musées Nationaux, Paris
24	Réunion des Musées Nationaux, Paris
25	The Walpole Gallery, London
26	Kunsthaus, Zürich (2)
27	Freuler, Gaudenz, Biagio di Ghoro Ghezzi a Paganico, Florenz, 1986
28	Freuler, Gaudenz, Grüningen
29	Faksimile Verlag, Luzern
30/31	Foto Scala, Florenz
31	Freuler, Gaudenz, Biagio di Ghoro Ghezzi a Paganico, Florenz, 1986
32	Foto Scala, Florenz
32/33	Foto Scala, Florenz
34	The Bridgeman Art Library, London/Paris
35	Foto Scala, Florenz
36/37	The National Gallery, London
38/39	Foto Scala, Florenz
40	Artini, Luigi, Florenz
41	AKG Photothèque, Paris
42	Antikenmuseum und Sammlung Ludwig, Basel, Foto: Niggli, Claire (links)
42	Archäologisches Institut der Universität Zürich (Mitte)
42	Das Sakramentar von St. Gereon, Bloch, Peter, München, 1963 (rechts)
43	Schweizerisches Landesmuseum, Zürich (rechts)
43	The Rabbula Gospels, Faksimile, Olten und Lausanne, 1959 (links)
44	Archäologisches Institut der Universität Zürich
45	Archäologisches Institut der Universität Zürich (links)
45	Foto Scala, Florenz (rechts)
46	The Bridgeman Art Library, London/Paris (links)
46	von Euw, Anton, Köln (rechts)
47	The Bridgeman Art Library, London/Paris
47	Römermuseum, Augst/Basel (rechts)
48	Kunsthistorisches Seminar der Universität Zürich
49	Grubb, Nancy, Angels in Art, New York, 1995 (links)
49	von Euw, Anton, Köln (rechts)
50/51	Kunstmuseum, Bern
52	Grabar, André, Die Mittelalterliche Kunst Osteuropas, Baden-Baden, 1968
53	Grabar, André, Die Mittelalterliche Kunst Osteuropas, Baden-Baden, 1968 (rechts)
53	von Euw, Anton, Köln (links)
54/55	Foto Scala, Florenz
55	Segre, Vera, Tessin
56	Archäologisches Institut der Universität Zürich (rechts)
56	Godwin, Malcolm, Engel, Frankfurt/Main, 1990 (links)
57	von Euw, Anton, Köln
58	Faksimile Verlag, Luzern
59	Der Stuttgarter Bilder-Psalter, Faksimile, Stuttgart, 1968
60	Staatsbibliothek, Bamberg (2)
61	Staatsbibliothek, Bamberg
62	Artini, Luigi, Florenz
63	von Euw, Anton, Köln
64	Bibliothèque publique et universitaire, Genf (Mitte)
64	Sammlung Heinz Kisters, Kreuzlingen (links)
64	Faksimile Verlag, Luzern (rechts)
65	Bibliothèque publique et universitaire, Genf
66	Musée d'Unterlinden, Colmar (F), Foto: Zimmermann Oskar
67	Artothek, Peissenberg (links)
67	Réunion des Musées Nationaux, Paris (rechts)
68	Öffentliche Kunstsammlung, Basel, Foto: Bühler, Martin (links)
68	Foto Scala, Florenz (rechts)
69	Artothek, Peissenberg
70	Foto Scala, Florenz
71	Réunion des Musées Nationaux, Paris
72	Foto Scala, Florenz
73	Foto Scala, Florenz
74	von Euw, Anton, Köln
75	The Bridgeman Art Library, London/Paris (links)
75	Kunsthistorisches Seminar der Universität Zürich (rechts)
76	Hebrich, Gustav, München
77	Kunstmuseum, Paul Klee-Stiftung, Bern (links)
77	Meienberg, Dominique, Zürich (rechts)
78	Rheinisches Bildarchiv, Köln
79	von Euw, Anton, Köln
80	Grubb, Nancy, Angels in Art, New York, 1995
81	Gorny, Christian aus: Pietro Bandini, Die Rückkehr der Engel (alle deutschsprachigen Rechte by Scherz Verlag, Bern, München, Wien) (links)
81	Müller, Andy, Bremgarten (rechts)
82	Artini, Luigi, Florenz
83	Berti, Giordano, I mondi ultraterreni, Milano, 1998
84	Giovetti, Paola, Angeli, Edizioni Mediterranee, Roma, 1989
85	De Silva, Anil, Chinesische Landschaftsmalerei, Zürich, 1964
86	Speiser, Werner, China, Baden-Baden, 1959
87	Berti, Giordano, I mondi ultraterreni, Milano, 1998
88	Canby, Sheila R., Persian Painting, London, 1993
89	Berti, Giordano, I mondi ultraterreni, Milano, 1998
90/91	Stärk, Georg, Horgen (links)
92	Historisches Museum des Kantons Thurgau (links)
92	Kunstmuseum, Bern (rechts)
92	Stärk, Georg, Horgen (unten)
93	Historisches Museum, Aargau (rechts)
93	Kunstmuseum, Bern (links)
93	Öffentliche Kunstsammlung Basel (Mitte)
94	Kunsthaus, Zürich (Mitte, rechts)
94	Stärk, Georg, Horgen (links)
95	Zimmermann, A. und G., Genf
95	Sammlung Oskar Reinhart «Am Römerholz», Winterthur (links)
95	Schweizerisches Landesmuseum, Zürich (rechts)
96	Museum für Kunst und Geschichte, Kanton Freiburg (links)
96	Stärk, Georg, Horgen (unten)
96	Decoppet, Louise, Fotograf, Yverdon (rechts)
97	Artini, Luigi, Florenz (links)
97	Musée d'Art et d'Histoire, Genf (Mitte, rechts)
98	Museo Vela, Ligornetto / Eigentum der Schweizerischen Eidgenossenschaft (links)
98	Pittura a Como e nel Canton Ticino dal Mille al Settecento, Milano, 1994, Foto: Nino de Angelis
98	Stärk, Georg, Horgen (unten)
99	Zimmermann, A. und G., Genf (rechts)
99	Museo Cantonale, Lugano (Mitte)
99	Stärk, Georg, Horgen (links)
100	Stärk, Georg, Horgen (unten, links)
100	Widmer, Eduard, Zürich (rechts)
101	Kunsthistorisches Seminar der Universität Zürich (rechts)
101	Raimann, Alfons, Frauenfeld (links)
101	Stärk, Georg, Horgen (Mitte)
102	Grubb, Nancy, Angels in Art, New York, 1995
107	Grubb, Nancy, Angels in Art, New York, 1995